구입 문의 1577-3537
www.niefather.com

초등학생 영역별 필독서 36권 선정(1~3호)
책마다 전체 내용 요약 지문과 심층 질문 7개씩 제시

(주)이태종 NIE 논술연구소

토론 논술 감상문까지 OK!

초등학생
문해 독서
초급 1호

행복한 논술 편집부 엮음

- 강아지똥
- 개구쟁이 수달은 무얼 하며 놀까요?
- 돼지도 누릴 권리가 있어
- 전통 문화를 찾아라!
- 슈퍼 거북
- 만복이네 떡집
- 꼴찌라도 괜찮아!
- 걱정 상자
- 고양이 별
- 사라, 버스를 타다
- 느끼는 대로
- 그 녀석 슈라에겐 별별 일이 다 있었지

  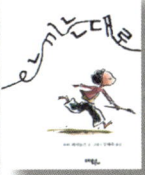 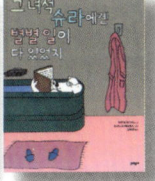

독서를 지도하시는 분
심층 독서가 필요한 학생을 위한 책!

잎싹은 닭장에 갇힌 채 병아리가 될 수 없는 무정란만 낳다가 죽을 운명이다. 그런 잎싹이 알을 품어 병아리를 갖고 싶은 꿈을 꾼다. 꿈을 이루려면 닭장을 나와 수탉과 함께 지내야 한다. 주어진 상황만 놓고 보면 이룰 수 없는 꿈이다. 『마당을 나온 암탉』(황선미 지음, 사계절 펴냄)의 줄거리다.

잎싹은 주인이 주는 먹이를 배불리 먹고 알만 많이 낳으면 된다. 그런데 왜 불가능한 꿈을 꿨을까. 대다수는 주어진 삶에 안주하고 도전하기를 꺼린다. 잎싹의 이러한 모습은 아무런 꿈도 없이 사는 사람들에게 자기 점검의 기회가 된다. 『문해독서』는 '지은이가 왜 주인이 주는 먹이를 배부르게 먹고 알만 낳으면 되는 잎싹에게, 알을 품고 새끼를 키우는 불가능한 꿈을 꾸게 만들었나?'를 묻는다. 도전의 중요성을 일깨우기 위한 질문이다. 불가능을 가능하게 만드는 것이 도전의 힘이다. 인류에게 도전 정신이 없었다면 비행기나 자동차는 지금도 나오지 못했을 것이다. 문제는 도전해서 꿈을 이루는 과정이 험난하다는 데 있다. 꿈을 꾸고 도전하면 온 우주가 돕는다는 말이 있다. 잎싹은 우여곡절 끝에 닭장을 나오는 데까지는 성공한다.

잎싹이 볼 때 이상향이던 마당은 레드오션이다. 마당의 식구들이 잎싹을 받아 주지 않고 냉대한 까닭을 『문해독서』가 물은 이유가 여기에 있다. 꿈을 이루기까지는 현실의 진입 장벽이 너무 높아 좌절이 크다는 사실을 보여 주려는 질문이다. 어느 사회나 기득권층이 있다. 신참자가 등장하면 여지없이 경쟁 의식과 차별을 두려는 특권 의식이 작동한다. 기득권층처럼 지키려고만 들면 문화나 경제 모두 지체 현상이 벌어진다. 『문해독서』는 이러한 사실을 알리기 위해 마당에서 누리는 사람들처럼 자기가 이룰 수 있는 꿈만 꾼다면 사회에 어떤 영향을 미칠지 물어본다.

잎싹은 진입 장벽에 가로막혀 결국 새로운 세상을 개척해야 한다. 아무도 가지 않은 길이어서 이정표도 없고 나침판도 없다. 한 발자국만 잘못 옮겨도 낭떠러지다. 안전한 마당을 떠난 잎싹은, 다른 동물들에게 따돌림을 당하고 족제비에게는 생명의 위협까지 받는다. 그래도 잎싹에게는 자기 꿈대로 살 수 있는 행복이 있다. 『문해독서』는 다시 '닭장에서 사는 암탉', '마당에서 사는 암탉', '마당을 떠난 암탉' 가운데 나라면 어떤 닭이 되어 살고 싶은지 질문한다.

잎싹은 마침내 알을 품어 새 생명을 탄생시키는 꿈을 실현한다. 하지만 스스로 낳은 게 아니라 주인을 잃은 청둥오리의 알이다. 잎싹은 집도 없이 떠돌면서 아기 오리 초록머리를 정성껏 돌봐 멋진 청둥오리로 성장시킨다. 나중에는 초록머리를 야생 청둥오리 무리에게 떠나보낸다. 그 뒤 늙고 지친 잎싹은 족제비에게 잡혀먹히고 도전은 끝난다.

잎싹은 꿈을 이룬 것일까. 자신의 꿈을 원래의 설계대로 실현시키는 사람은 드물다. 삶은 정해진 운명대로 가는 것이 아니기 때문이다. 『문해독서』는 그 즈음에 '잎싹은 꿈을 이뤘다'는 주제로 찬반 토론을 하도록 제시한다. 토론을 하면서 삶이란 목표를 이루기 위해 도전하는 과정의 연속이며, 결과가 어떠하든 존중을 받아야 한다는 사실을 깨닫도록 하기 위함이다.

잎싹이 초록머리를 청둥오리 무리에게 떠나보냈는데, 초록머리를 보낸 선택이 옳은지 자기 의견을 밝히는 문제도 낸다. 잎싹에게 목숨을 건 도전을 통해 남은 결과물은 초록머리뿐이다. 그런데도 미련 없이 되돌려 준다. 돈이든 지식재산이든 삶에서 얻은 결과물은 마지막까지 소유하고 싶은 욕망을 놓지 못하는 것이 사람의 마음이다. 기득권층이 마당을 끝까지 사수하려고 드는 이유다. 따라서 지속 가능한 삶을 위해 미래 세대에 대한 책임 의식을 심어 주기 위한 『문해독서』의 물음인 것이다.

『문해독서』는 결론적으로 '저학년 때는 꿈이 백만 개나 되는데, 고학년이 되면서 한 반에서 셋 중 한 명은 꿈이 없다'는 내용의 신문 기사를 제시한다. 그리고 '어른이 되면 가지고 싶은 직업 또는 이루고 싶은 꿈을 한 가지만 구체적으로 정한 뒤, 지금 어떤 노력을 기울여야 이룰 수 있을지 자신을 점검하라.'고 질문을 맺는다.

『마당을 나온 암탉』은 꿈이 없는 시대를 사는 어린이들에게 가장 소중한 꿈과 도전, 미래 세대에 대한 책임 의식을 불러일으키려고 다뤘다. 『문해독서』가 선정한 책들은 이처럼 신문 기사와 접목해 현실에 바탕을 두고 치밀하면서도 융합적 시각으로 접근했기 때문에 독서 토론의 새로운 이정표가 될 수 있다. 예를 들어 『흥부전』에서는 노동이 없는 소득에 세금을 많이 부과해야 하는 까닭, 흥부의 다자녀 정신과 노블레스 오블리주 정신이 현대에 필요한 이유, 박을 한 번 타고 그쳤으면 나왔을 텐데 마지막 박까지 타서 목숨을 잃을 위기에 빠진 놀부의 투기 심리와 카지노 폐인을 연계한 문제까지 철저하게 경제적 시각에서 조명한다. 각 호에 들어 있는 12권의 책을 이처럼 융합적 방식으로 읽으면 고전을 통해 세상을 보는 지혜의 눈이 뜨일 것이다.

『문해독서』는 초등학생용 시사논술 월간지 '행복한 논술'이 10년 넘게 개발한 신개념 독서 프로그램이다. 이들 책에는 4차 산업혁명 시대의 초등학생이라면 갖춰야 할 다양한 영역의 배경 지식과 지혜가 담겨 있다. 선정한 책마다 독서의 방향성과 지식의 확장성을 뒷받침할 수 있는 전체 내용 요약 지문과 급별로 7~8개의 심층 질문을 제시한다. 마지막 심층 질문은 시사와 연계해 토론과 논술이 가능하도록 해서, 융합적 사고력과 문제 해결 능력을 키울 수 있다. 한 권의 책을 읽어도 뚫어지게 읽으면서 평생의 자양분으로 삼으면 좋겠다.

행복한 논술 편집부

차례 보기

| 과학 | 01 | 『강아지똥』
나를 사랑하는 방법을 배워요 | 7 |

| | 02 | 『개구쟁이 수달은 무얼 하며 놀까요?』
산과 계곡에서 사는 동식물 30여 가지 소개 | 15 |

| | 03 | 『동물 권리 선언 돼지도 누릴 권리가 있어』
동물도 존중 받을 권리가 있는 생명체 | 23 |

| 문화 | 04 | 『구석구석 숨어 있는 전통 문화를 찾아라!』
전통 문화 가꿔야 미래 문화도 발전한다 | 31 |

| 기타 | 05 | 『슈퍼 거북』
자기가 원하는 일 해야 행복할 수 있어 | 39 |

| 국내 문학 | 06 | 『만복이네 떡집』
기분 좋은 말 하면 친구가 많이 생겨요 | 47 |

| | 07 『꼴찌라도 괜찮아!』 | 55 |
| | 우리 편이 져도 끝까지 응원해야 | |

| | 08 『걱정 상자』 | 63 |
| | 걱정을 없애는 여러 가지 방법 | |

| | 09 『고양이 별』 | 71 |
| | 길고양이와 함께 사는 방법 | |

| 세계 문학 | 10 『사라, 버스를 타다』 | 79 |
| | 피부색 다르면 앉는 자리도 달라야 할까 | |

| | 11 『느끼는 대로』 | 87 |
| | 자기만의 느낌이 담긴 그림 그려야 | |

| | 12 『그 녀석 슈라에겐 별별 일이 다 있었지』 | 95 |
| | 대화하는 가족이 행복해요 | |

답안과 풀이   103

☞ 지침서는 행복한 논술 홈페이지(www.niefather.com) 자료실에서 내려받으실 수 있습니다.

01 과학 | 나를 사랑하는 방법을 배워요

『강아지똥』

권정생 지음, 길벗어린이 펴냄, 30쪽

 줄거리

골목길 담 밑에 강아지똥이 있습니다. 참새와 흙덩이는 강아지똥을 더럽다며 놀립니다. 강아지똥은 자신이 쓸모가 없다고 생각하며 눈물을 흘리죠. 흙덩이는 얼마 뒤 사실은 자기도 쓸모가 없어 버려졌다고 말합니다. 그러다 흙덩이는 자기가 있던 곳으로 돌아가고, 강아지똥은 혼자가 됩니다. 그런데 봄비가 내리던 어느 날, 강아지똥 앞에 민들레가 나타납니다. 민들레는 강아지똥에게 거름이 되어 달라고 부탁합니다. 강아지똥은 기쁜 마음으로 민들레가 꽃을 피우게 도와줍니다. 강아지똥은 자신이 민들레에게 꼭 필요한 존재임을 확인합니다.

본문 맛보기

나쁜 일 생긴다고 모두 자기 탓만 하면 안 돼

(가)날아가던 참새 한 마리가 보더니 강아지똥 곁에 내려앉아 콕콕 쪼면서 "똥! 똥! 에그, 더러워…." 하면서 날아가 버렸어요. "뭐야! 내가 똥이라고? 더럽다고?" 강아지똥은 화도 나고 서러워서 눈물이 나왔어요. "뭣 땜에 웃니, 넌?" 강아지똥이 화가 나서 흙덩이에게 대들 듯이 물었어요. "똥을 똥이라 않고 그럼 뭐라 부르니? 넌 똥 중에서도 가장 더러운 개똥이야!" "정말은 내가 너보다 더 흉측하고 더러울지 몰라…." "내가 아주 나쁜 짓을 했거든. 지난 여름, 비가 내리지 않고 가뭄이 무척 심했지. 그때 내가 키우던 아기 고추를 끝까지 살리지 못하고 죽게 해 버렸단다." "그래서 이렇게 벌을 받아 달구지에 실려오다 떨어진 거야. 난 이제 끝장이야." (3~11쪽)

▲나쁜 일이 생기면 모두 자기 탓이라고 생각하는 아이는 자기를 소중하게 여기지 않기 때문이다.

내가 소중하지 않은 것 같아도 필요한 곳 있어

(나)보슬보슬 봄비가 내렸어요. 강아지똥 앞에 파란 민들레 싹이 돋아났어요. "너는 뭐니?" 강아지똥이 물었어요. "난 예쁜 꽃을 피우는 민들레야." "얼마만큼 예쁘니? 하늘의 별만큼 고우니?" "그래, 방실방실 빛나." "어떻게 그렇게 예쁜 꽃을 피우니?" "그건 하느님이 비를 내려 주시고, 따뜻한 햇볕을 쬐어 주시기 때문이야." "그래…, 그렇구나…." 강아지똥은 민들레가 부러워 한숨이 나왔어요. "그런데 한 가지 꼭 필요한 게 있어." 민들레가 말하면서 강아지똥을 봤어요. "네가 거름이 돼 줘야 한단다." "내가 거름이 되다니?" "네 몸뚱이를 고스란히 녹여 내 몸 속으로 들어와야 해. 그래야만 별처럼 고운 꽃이 핀단다." 비는 사흘 동안 내렸어요. 강아지똥은 온 몸이 비에 맞아 자디잘게 부서졌어요. 부서진 채 땅속으로 스며들어 민들레 뿌리로 모여들었어요. (19~25쪽)

▲남에게 인정을 받아 기뻐하며 자신감이 넘치는 아이.

생각이 쑥욱

1 (가)의 밑줄 친 곳에서, 흙덩이는 왜 그렇게 말했나요?

2 강아지똥은 민들레가 부러워 한숨을 쉽니다. 주변에 부러운 친구가 있다면, 어떤 점이 부러운지 말해요.

☞ 없다면 어떤 점이 부러울지 생각해서 답하면 됩니다.

▲민들레꽃

머리에 쏘옥

남이 부럽다고 나를 하찮게 여기면 안 돼요

누군가를 부러워하는 마음은 누구나 가지고 있답니다.

나는 수업 시간에 가만히 앉아 있지 못하는데, 수업이 끝날 때까지 바른 자세로 앉아 있는 친구를 보면 부럽습니다. 나는 특별히 잘하는 것이 없는데 언니는 피아노를 잘 치고, 오빠는 축구를 잘해 부럽습니다.

하지만 다른 사람을 부러워하면서 나를 하찮게 여기면 안 됩니다.

강아지똥이 민들레를 부러워하면서 한숨을 쉰 까닭은 자기는 특별한 것이 없어 민들레처럼 예쁜 꽃을 피울 수 없다고 생각했기 때문입니다.

이렇게 생각하고 말해 보세요. "난 수업 시간에 가만히 있지 못하지만 발표를 잘해 별점을 많이 받습니다. 난 언니처럼 피아노를 잘 치지 못하지만 강아지를 잘 돌봅니다."라고요.

강아지똥은 예쁜 꽃을 피우지는 못하지만, 예쁜 꽃을 피우는 데 꼭 필요한 거름이 되었지요.

생각이 쑥

3 강아지똥은 흙덩이에게 '더러운 개똥'이라는 말을 듣고 웁니다. 강아지똥이 자신감을 가질 수 있게 위로하세요.

▲강아지똥은 흙덩이에게 더럽다는 말을 듣고 운다.

4 강아지똥은 민들레에게 소중하다는 말을 듣고 행복해합니다. 나는 누구에게 어떤 말을 들었을 때 자신을 소중하다고 느끼나요?

머리에 쏙

나를 소중하게 생각하는 마음 '자존감'

자기를 소중하게 생각하고, 자신을 사랑하는 마음을 '자존감'이라고 합니다. 자신을 존중하려면 있는 그대로의 나를 받아들이고 인정해야 한답니다.

자존감이 적으면 자신을 긍정적으로 생각하지 않습니다. 남에게도 부정적인 말을 자주 하지요. 또 남과 비교해서 자기가 못한다고만 생각해 행복한 마음이 들지도 않습니다. 무슨 일이 생기면 자기가 잘못해서 그렇다고 생각하지요.

자존감이 강하면 자신을 사랑하는 만큼 남을 잘 배려합니다. 또 자신의 재능을 인정하고, 남의 재능도 칭찬할 줄 압니다.

민들레는 강아지똥이 있어야 꽃을 피울 수 있기 때문에 거름이 되어 달라고 부탁합니다. 강아지똥의 소중함을 인정한 것이죠. 강아지똥은 자기를 인정해 준 민들레를 고마워합니다.

생각이 쑤욱

5 나의 재능이 다른 사람에게 도움이 된 적이 있나요? 없다면 나에게는 어떤 재능이 있는지 말해 보세요.

☞ 아주 작은 일도 괜찮습니다.

6 컵의 손잡이가 떨어졌어요. 이 컵을 어디에 쓰면 좋을지 생각하고 그림으로 표현하세요.

▲컵에서 손잡이가 떨어지면 멋도 없고 쓸모도 없어진다.

머리에 쏘옥

자신의 재능을 찾는 방법

▲아름다운 목소리로 사람들을 감동시킨 영국의 수잔 보일. 수잔 보일은 장애가 있지만 가수가 되었다.

재능은 타고난 자신의 능력을 말해요. 남보다 잘하는 능력이 아닙니다. 사람들은 모두 재능을 갖고 태어나지요. 자신이 잘하는 게 없다고 생각한다면 숨겨진 재능을 아직 발견하지 못했을 뿐이랍니다.

자신의 재능을 발견하려면 먼저 자기가 좋아하는 일이나 관심 있는 일을 찾아야 해요. 자기가 좋아하는 일을 하면 처음에는 힘들어도 나중에는 보람을 느낄 수 있습니다. 그리고 자신을 믿어야 합니다. 내가 잘하는 것을 우습게 여긴다든지 어떤 일을 하기도 전에 난 못할 것이라고 생각하면 도움이 안 돼요. 꾸준한 노력도 필요합니다. 재능이 아무리 훌륭해도 훈련하지 않으면 발전하지 않는답니다.

생각이 쑤욱

7 아래에는 자존감을 높이는 방법 여섯 가지를 적었습니다. 나에게 필요한 방법 세 가지를 고르고, 왜 그런지도 말해 보세요(200~250자).

우리나라 어린이들은 행복하지 않다. 자기 외모도 불만이고, 학교 생활도 불만족스럽기 때문이다. 부모들은 흔히 다른 아이들의 성적이나 행동을 자기 자녀와 비교하면서 자녀들이 스스로를 소중하게 여기지 못하도록 만든다. 이렇게 하면 아이들의 자존감이 약해져 행복해질 수 없다. 아이들의 자존감을 길러 주려면 자신을 있는 그대로 받아들이고 소중하게 여기는 태도를 가르쳐야 한다.

▲아이들에게 자존감을 높이는 말을 하는 부모님.

<신문 기사 참조>

<자존감을 높이는 방법>	
남과 나를 비교하지 않는다.	나는 다른 사람에게 사랑받는 사람이라고 생각한다.
있는 그대로 나의 모습을 인정한다.	나의 생각이나 느낌을 다른 사람에게 잘 표현한다.
남의 눈치를 보지 않는다.	나는 무슨 일이든 잘할 수 있다고 생각한다.

<나에게 필요한 방법 세 가지와 필요한 까닭>

1.

2.

3.

02 과학 | 산과 계곡에서 사는 동식물 30여 가지 소개

『개구쟁이 수달은 무얼 하며 놀까요?』

왕입분 지음, JEI재능교육, 64쪽

 줄거리

　우리나라의 산과 계곡을 돌아보며 그곳에서 사는 30여 가지의 동식물을 소개합니다. 동물이나 식물 등 자연을 관찰하면 사람에게 도움이 된다고 알려 줍니다. 다슬기의 별명이 '냇가의 정화조'인 까닭과 도롱뇽의 알을 보고 날씨를 미리 짐작할 수 있는 방법도 가르쳐 줍니다. 물을 좋아하는 수달은 집을 어디에 마련하는지도 보여 주지요. 이끼는 풀과 나무가 잘 살 수 있도록 돕는다는 사실도 들어 있습니다.

본문 맛보기

다슬기는 냇가 청소부… 도롱뇽 알 보면 날씨 알아

▲깨끗한 물속에 있는 바위틈에 붙어사는 다슬기.

(가)다슬기는 물이 깊고 물살이 센 곳의 바위틈에 모여 삽니다. 돌에 붙은 이끼나 물벼룩 등을 먹고 살지요. 물고기가 먹다 남은 찌꺼기와 똥, 사체도 가리지 않고 잘 먹는답니다. 그래서 '냇가의 정화조'라는 별명이 붙었지요. 정화조는 똥오줌 같은 더러운 것을 깨끗하게 걸러 주는 장치를 말해요.

도롱뇽의 알을 보면 비가 많이 올지, 적게 올지 미리 알 수 있어요. 알은 바위나 나뭇가지 등에 잘 붙는데, 알이 어딘가에 붙어 있으면 그해에 장마가 닥친답니다. 장맛비에 떠내려가지 않게 알을 붙여 놓기 때문이죠. 그런데 어디에도 붙어 있지 않으면 가뭄이 든답니다. 가뭄이 들면 물이 줄어 알이 떠내려갈 걱정이 없으니까요. 그래서 옛날에는 봄에 농사짓기 전에, 도롱뇽의 알을 보러 다니기도 했답니다. (48~49, 54~55쪽)

▲투명하고 젤리처럼 말랑말랑한 도롱뇽의 알.

이런 뜻이에요
사체 동물의 죽은 몸.

수달은 물가에 집 짓고, 이끼는 그늘진 곳에서 살아

▲수달은 물을 좋아해서 산골짜기나 계곡, 강가에 집을 짓고 산다.

(나) 수달은 물을 무척 좋아하지만 물속에 집을 짓지는 않아요. 숨을 쉬어야 해서 물속에 오래 있을 수 없거든요. 그래서 바위나 나무뿌리 밑에 저절로 난 구멍에 보금자리를 마련하죠. 수달의 집에는 몇 개의 구멍이 나 있는데, 바깥으로 드나드는 구멍은 물가 쪽으로 내서 물로 드나들기가 편합니다. 나무뿌리나 돌 밑에는 숨을 쉬기 위한 공기구멍도 있답니다.

이끼는 물 없이는 살 수 없어, 햇빛이 들지 않는 곳에서 주로 살아요. 물을 담아 두는 능력이 뛰어난데, 특히 물이끼는 몸무게의 15~20배쯤을 흡수할 수 있어요. 이끼는 풀 한 포기 없는 땅이나 햇빛이 들지 않는 굴속에서도 물만 있으면 잘 자랍니다. 이끼가 자라면 땅이 건강해져서 풀과 나무가 살 수 있어요. 또 곤충의 보금자리가 되어 주기도 합니다. (56~57, 62~63쪽)

▲이끼는 그늘지고 축축한 흙이나 바위, 큰 나무 줄기 등에 붙어산다.

이런 뜻이에요
수달 족제비를 닮은 젖먹이동물. 몸길이는 60~80센티미터로, 짧은 네 발에 물갈퀴가 달려 있어 헤엄을 잘 친다.

생각이 쑤욱

1 다슬기가 건강에 좋다며 냇가에서 다슬기를 마구 잡아 가는 사람들에게 다슬기를 잡으면 안 되는 까닭을 알려 주세요.

▲다슬기가 사라진 냇가에 다슬기를 풀어 주고 있다.

2 일기예보가 없던 옛날에 도롱뇽 외에 날씨를 알 수 있었던 동물을 하나만 골라, 어떻게 날씨를 알 수 있었는지 소개하세요.

▲제비가 낮게 날면 다음 날 비가 올 것이라고 보았다.

머리에 쏘옥

일기예보가 없던 옛날에 날씨를 미리 아는 방법

옛날에는 하늘을 살피거나 동물의 움직임을 보고 날씨를 짐작했어요.

거미가 거미줄을 치면 날씨가 맑을 거라고 생각했지요. 거미줄은 비를 맞으면 망가지므로, 비가 올 것 같으면 거미줄을 치지 않기 때문이죠.

제비가 낮게 날아도 비가 올 거라고 예상했어요. 제비는 곤충을 먹고 사는데, 날씨가 흐리면 곤충의 날개가 습기에 젖어 무거워지기 때문에 땅 가까이로 날지요. 그럼 제비도 곤충을 잡아먹으려면 어쩔 수 없이 낮게 날아야 한답니다.

땅속에 사는 지렁이는 비가 올 것 같으면 밖으로 나옵니다. 지렁이는 살갗으로 숨을 쉬기 때문에 비가 오면 땅에 물이 차서 숨을 쉬지 못하므로 밖으로 나오는 것이죠.

▲땅속에 사는 지렁이는 비가 오면 숨을 쉬기 어려워 땅 위로 올라온다.

생각이 쑤욱

3 수달의 입장에서, 사람들에게 강이나 냇가의 둑을 시멘트로 발라 막거나 주변에서 자라는 나무를 없애지 말라고 호소해 보세요.

▲강둑에 있는 나무뿌리 밑에 난 구멍을 집으로 삼아 사는 수달.

4 (나)의 밑줄 친 부분에서, 이끼가 자라기 시작하면 망가진 숲이 되살아나는 까닭은 무엇인가요?

머리에 쏘옥

수달을 보호하는 방법

강과 냇가 등 오염되었던 자연이 회복되면서 수달이 늘어났습니다. 돌아온 수달이 잘 살 수 있도록 도와야 합니다.

따라서 강이나 냇가를 오염시킬 수 있는 쓰레기를 치워야 합니다. 그리고 물고기를 잡는 낚시나 그물을 버려도 안 됩니다. 수달이 물고기를 잡아먹기 위해 헤엄을 치다가 낚시 바늘과 그물에 걸려 죽거나 다칠 수 있기 때문이죠.

강 둘레를 시멘트로 막아서도 안 됩니다. 수달은 물가의 바위틈이나 나무뿌리 밑의 구멍에서 사는데, 강 둘레가 시멘트로 막히면 수달이 살 곳이 없어지기 때문이죠.

이끼가 하는 일

이끼는 식물이 없는 땅에서 맨 먼저 자라지요. 이끼가 자라기 시작하면 흙이 건강해져서, 풀과 나무가 뿌리를 내릴 수 있습니다. 작은 곤충도 이끼를 먹이로 하기 때문에 몰려 와서 보금자리를 마련하지요.

이끼는 갑작스럽게 비가 많이 왔을 때 많은 물을 저장해서 홍수가 나지 않게 돕지요. 또 비가 내리지 않을 때는 저장했던 물을 내놓아 가뭄을 막아 줍니다.

이끼는 지구에 있는 산소의 3분의 1 가까이를 만들어 냅니다.

생각이 쑤욱

5 드론을 이용해서 산과 계곡을 보호하면 좋은 점을 아는 대로 들어보세요.

▲드론은 사람이 다니기 어려운 산과 계곡을 돌아다니며 쓰레기가 버려진 곳을 찾아낼 수 있다.

6 산이나 계곡으로 놀러 갔을 때, 자연을 망가뜨리거나 오염시키지 않으면서 재미있게 놀 수 있는 놀이 아이디어를 내 보세요.

▲나뭇잎 퍼즐 놀이는 나뭇잎 한 장을 오려서 섞은 뒤 다시 하나로 맞추는 놀이다.

머리에 쏘옥

산과 계곡을 보호하는 데 쓰이는 드론

나라에서는 드론을 띄워 산과 계곡을 보호하는 데 이용하고 있습니다. 드론은 사람이 다니기에 위험한 곳을 구석구석 돌아다니며 버려진 쓰레기를 찾아낼 수 있습니다. 또 산불이 난 곳을 정확히 찾아서 불을 끌 수 있도록 돕지요. 함부로 동물을 잡거나 식물을 뽑아 가는 사람도 감시할 수 있지요. 나무가 병에 걸렸는지도 알 수 있어 병이 퍼지지 않게 막을 수 있습니다.

자연을 이용한 놀이

커다란 나뭇잎을 주워서 눈과 코, 입이 나오게 구멍을 뚫어 가면을 만들어 보세요. 양쪽 끝에 고무줄을 끼우고, 귀에 걸면 나뭇잎 가면이 된답니다. 나뭇잎 가면을 쓰면, 새나 곤충을 놀라게 하지 않고 가까이 다가가 관찰할 수 있답니다. 나뭇잎으로 배를 만들어 물에 띄워 보세요. 작은 돌멩이를 얹어 누가 오래 버티나 내기를 해도 재미있지요. 가족이나 친구들과 번갈아 눈을 가리면서 나무껍질을 만진 뒤, 어떤 나무를 만졌는지 맞추는 놀이도 즐겁답니다.

▲친구들과 나뭇잎 가면을 쓴 채 숲을 탐험하는 놀이도 즐길 수 있다.

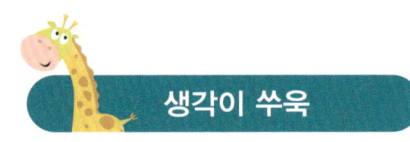

7 책의 내용과 아래의 글을 참고해, 산과 계곡 등 자연을 보호해야 하는 까닭과 그 방법을 말해 보세요(200~250자).

산이나 계곡에 쓰레기를 함부로 버리면 환경이 오염되어 생태계가 파괴된다. 이렇게 되면 동식물은 물론 사람도 살 수 없다. 자연을 보호하려면 함부로 쓰레기를 버려서는 안 된다. 플라스틱이나 비닐의 경우 동물이 먹이로 잘못 알고 먹으면 병이 들어 죽게 된다. 꽃이나 열매도 함부로 따서 집으로 가져오면 안 된다. 나무나 식물이 자손을 퍼뜨리지 못하고, 동물이나 곤충의 먹이가 부족하기 때문이다.

▲자연을 보호하기 위해 산에 나무를 심는 어린이.

<신문 기사 참조>

03 과학 | 동물도 존중 받을 권리가 있는 생명체

『동물 권리 선언 돼지도 누릴 권리가 있어』

백은영 지음, 와이즈만북스 펴냄, 44쪽

 줄거리

　농장 마을에 갑자기 늑대가 나타납니다. 아기 돼지 삼 형제는 몰래 늑대의 뒤를 쫓습니다. 늑대는 농장 이곳저곳을 돌아다니다가 사라집니다. 삼 형제가 농장으로 돌아오자, 사람들은 돼지들이 병에 걸렸다며 트럭에 싣고 어디론가 떠납니다. 이때 돼지 유령들이 나타나 농장의 동물이 병들어 죽는 이유를 알아내려고 늑대를 탐정으로 고용했다고 말합니다. 늑대는 동물들이 병에 걸리는 이유를 알았다면서 농장을 모조리 부숩니다.

화장품 안전한지 토끼 눈에 넣고 실험

(가)농장 마을에 늑대가 나타났어요. 늑대는 돼지우리 앞을 그냥 지나쳤어요.

"쫓아가자. 다른 동물들이 위험할지 몰라!"

용감한 막내 돼지가 외쳤어요.

"앗, 저기 발자국이 있다!"

둘째 돼지가 외쳤어요. 아기 돼지 삼 형제는 양계장으로 들어갔어요. 좁은 닭장에 닭들이 갇혀 있었어요.

▲비좁은 닭장에 갇혀 살며 날개도 펴지 못한 채 평생 알만 낳는 닭들.

"잡아먹지 않고 가다니 이상하네. 부리가 잘린 모습이 흉측해서인가?"

첫째 돼지가 말했어요.

삼 형제는 다시 늑대의 발자국을 쫓아 '화장품 연구소'라고 적힌 건물로 들어갔어요. 토끼들이 상자에 갇힌 채 머리만 내밀고 있었어요.

▲화장품이 안전한지 실험하기 위해 토끼의 눈에 화장품을 바르고 있다.

"사람들은 속눈썹에 바르는 마스카라를 우리 눈에 넣어. 얼마나 넣어야 사람에게 해로운지 실험하는 거야."

토끼가 콜록거리며 대답했어요. 첫째 돼지가 말했어요.

"토끼들이 불쌍해. 눈에서 피고름이 나더라." (5~6, 8~12, 14쪽)

본문 맛보기

사람들이 자기 이익만 위해 비좁은 데서 키워

(나)돼지 삼 형제는 창고로 들어갔는데, 개들이 갇혀 있고 냄새가 지독했어요.

"여긴 강아지를 낳는 곳이야." 푸들 아줌마가 재채기를 하며 말했어요.

돼지 삼 형제는 다시 돼지우리로 돌아왔어요. 사람들은 돼지들이 병에 걸려 살려 둘 수 없다며 트럭에 싣고 떠났어요.

그때 으스스한 목소리가 들렸어요.

"우린 구제역에 걸려 떼죽음을 당한 돼지 유령이야. 병의 원인을 알아내려고 탐정을 고용했지."

▲철창에 갇힌 채 평생 새끼만 낳고 살아야 하는 개들도 있다.

▲구제역에 걸렸다고 의심이 드는 돼지들은 모두 구덩이에 묻힌다.

늑대가 나타나자 유령들이 탐정이라며 반겼어요. 늑대가 바람을 내뿜어 농장을 부숴 버렸어요.

"여긴 농장이 아니라 공장이야. 사람들이 자기 이익만 위해 비좁은 곳에서 수백 마리를 키우지. 환경이 더러워 병에 걸려도 신경 쓰지 않아. 병에 걸리면 버리면 되니까. 물건이 아니라 생명으로 대해 주는 진짜 농장으로 가자." (18~20, 25~28, 33~36쪽)

이런 뜻이에요

구제역 소와 돼지 등 말굽이 둘로 갈라진 동물이 바이러스에 감염되어 생기는 병. 걸리면 입과 발굽 주변에 물집이 생기는데, 심하면 사료를 먹지 못해 죽는다.

생각이 쑥쑥

1 화장품 연구소의 토끼 눈에서는 왜 피고름이 나오나요?

▲마스카라를 넣고 해로운지 실험해서 토끼의 눈에서 피고름이 난다.

2 (가)의 밑줄 친 부분에서 닭의 부리가 왜 잘려 있을지 말해 보세요.

머리에 쏙쏙

닭의 부리를 자르는 까닭

우리나라의 닭은 대개 좁은 닭장 안에 갇혀 삽니다. 닭 한 마리가 사는 곳이 A4 용지보다 더 좁다고 합니다.

닭은 원래 부리로 잘 쪼는 습성이 있는데, 공간이 비좁아 스트레스를 받기 때문에 서로 마구 쪼아대서 상처가 납니다. 그래서 부리를 뭉툭하게 잘라 버리지요.

닭은 자기 몸에 붙은 진드기를 부리로 쪼아 먹어야 합니다. 그러나 부리가 뭉툭해지면 그럴 수 없습니다.

그래서 진드기를 없애려고 닭장에 살충제를 자주 뿌리기 때문에, 병에 견디는 힘이 약해져서 병에 쉽게 걸린답니다.

▲서로 쪼지 못하게 닭의 부리를 잘랐다.

생각이 쑥쑥

3 철창에 갇혀 살며 새끼를 낳는 푸들 아줌마는 어떤 점이 힘들까요?

☞ 똥과 오줌이 가득 차서 지저분하다.

▲개를 좁은 우리에서 키우면 새끼가 건강하게 자랄 수 없다.

머리에 쏘옥

돼지가 좁은 공간에 모여 살면

돼지는 자유롭게 뛰놀기를 좋아합니다. 그런데 좁은 곳에서 한꺼번에 많이 키우면 운동을 하지 못해서 스트레스를 받아 서로의 꼬리를 물어뜯습니다. 또 운동을 하지 못하면 병에 견디는 면역력이 약해져 구제역 등 감염병에도 쉽게 걸립니다.

돼지는 넓은 곳에서 살면 한 곳을 정해 똥오줌을 가립니다. 그런데 좁은 우리에서는 바닥에 똥오줌이 가득해서 피부병도 자주 앓게 됩니다.

---

4 유령 돼지들이 구제역에 걸려서 떼죽음을 당한 까닭을 생각해 보세요.

▲사람들이 돈을 더 벌기 위해 좁은 우리에 수많은 돼지들을 가둬서 기르고 있다.

생각이 쑤욱

5 늑대가 말한 '진짜 농장'은 어떤 곳이며, 그 농장에 간 토끼와 돼지들은 어떻게 살았을지 이야기를 지으세요.

▲돼지와 닭을 풀어 놓고 키우는 농장.

6 고기나 우유, 계란을 소비할 때 값이 싼 것만 사지 말고, '동물복지' 마크가 붙은 제품을 사야 하는 까닭을 말해 보세요.

나라에서 정한 대로 소나 돼지, 닭 등 가축을 키우면 '동물복지' 마크를 붙일 수 있다. 가축이 자기 습성대로 살 수 있게 키워야 한다. 예를 들면 닭은 살충제를 쓰지 말고 흙 목욕을 할 수 있게 해야 몸에 붙은 기생충을 털어 낼 수 있다. 사료나 물을 배불리 먹이고, 스트레스를 받지 않게 한다.

▲동물복지 마크

머리에 쏘옥

가축을 풀어 키우면 건강해져요

가축들을 넓은 곳에서 마음껏 뛰놀도록 해서 키우면 스트레스를 받지 않아 병이 적게 걸리고, 건강해집니다. 병에 걸리더라도 돌아다니면서 병을 고칠 수 있는 풀을 찾아 먹어 저절로 낫기도 합니다.

가축들이 나무에서 떨어진 과일이나 음식 찌꺼기를 먹어 치우다 보니 쥐들이 생기지도 않습니다.

가축의 배설물은 모아서 비료 대신 거름으로 쓰면 버릴 것이 없답니다.

▲농부들이 돼지의 배설물을 모아 만든 거름을 밭에 뿌리고 있다.

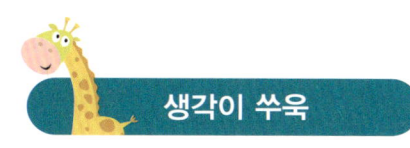

생각이 쑤욱

7 책 내용과 아래 글을 참고해서, 화장품을 만들 때 동물 실험을 하지 말라고 화장품 회사에게 말해 보세요(200~250자).

화장품을 만들 때 사람에게 해로운지 알려고 동물에게 화장품을 발라 보는 등 실험을 한다. 하지만 실험을 당한 동물의 처참한 모습이 공개되면서 우리나라 등 세계 여러 나라가 동물 실험을 금지했다. 화장품의 경우 동물 대신 인공 피부에 발라 실험할 수 있다. 컴퓨터로 실험해서 위험한지 알 수도 있다.

<신문 기사 참조>

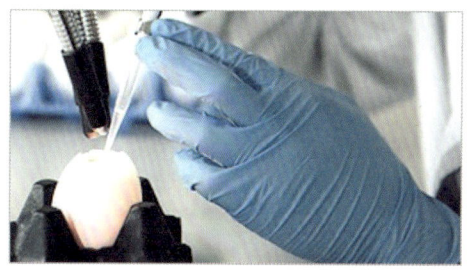

▲토끼의 눈 대신 계란에 화장품을 떨어뜨려 실험하는 모습.

04 문화 — 전통 문화 가꿔야 미래 문화도 발전한다

『구석구석 숨어 있는 전통 문화를 찾아라!』

한혜선 지음, 거인 펴냄, 48쪽

 줄거리

　옛날부터 내려오는 우리나라의 전통 문화를 소개합니다. 못생긴 메주로 장을 담가 먹은 조상들의 지혜와 옛날 물건을 모아 놓은 서울의 인사동 거리 이야기가 흥미롭습니다. 달집태우기와 쥐불놀이를 하는 정월대보름, 국보로 지정된 탈 이야기 등 조상의 삶이 녹아 있는 문화도 보여 주지요. 이 밖에 궁궐 앞에서 이루어지는 수문장 교대 의식, 신랑은 관리 복장을 하고 신부는 족두리를 쓰고 치르던 전통 혼례도 경험할 수 있습니다.

본문 맛보기

우리나라는 영양 많은 간장과 된장 등 장이 발달

▲장을 담그는 데 필요한 메주를 새끼줄로 묶어 처마에 매단 모습.

(가)우리나라 사람들은 옛날부터 장을 많이 먹었어요. 간장, 된장, 고추장을 합쳐서 '장'이라고 해요. 장은 조미료와 같아요. 같은 음식이라도 장을 넣으면 맛이 더 좋아지거든요. 그래서 음식을 만들 때 소금 외에도 장을 써서 간을 맞추었어요.

옛날에는 고기와 생선이 귀해 많이 먹지 못했어요. 그런데 장을 먹으면 고기와 생선을 먹는 것과 같아요. 고기나 생선에 있는 영양소와 장에 있는 영양소가 비슷하거든요.

우리나라의 옛날 물건을 보고 싶은가요? 그럼 서울의 인사동으로 가 보세요. 가는 곳마다 사람들의 눈길을 끄는 가게와 물건이 많이 있지요. 여름이면 선풍기나 에어컨 대신 부채로 더위를 이겨 냈어요. 겨울이면 연날리기를 했지요. 바람을 따라 하늘 높이 오르는 연을 올려다보면서 사람들은 추위도 잊었답니다. (9~10, 25~26쪽)

이런 뜻이에요

조미료 음식의 맛을 내거나 조절하는 데 쓰이는 재료.
영양소 탄수화물이나 지방, 단백질 등 생물이 자라도록 돕고 활동하는 데 필요한 에너지를 주는 물질.

 본문 맛보기

정월대보름에 달집 태우며 보름달 보고 소원 빌어

(나)새해가 되어 보름달이 처음 뜨는 날을 정월대보름이라고 해요. 사람들은 보름달을 보면서 소원을 빌면, 소원이 이뤄진다고 생각했어요. 달집에 불을 붙여 활활 타오르면, 그해에는 좋은 일이 많을 거라고 믿었답니다.

쥐불놀이도 했어요. 끈을 단 빈깡통에 구멍을 뚫고 그 안에 불붙인 솔방울을 넣었어요. 그러고는 통을 빙빙 돌리면서 뛰어다닌답니다. 쥐불놀이는 농작물에 피해를 주는 쥐를 쫓고 해충을 태우려고 시작했답니다.

▲달집에 불을 붙여 태우는 모습. 불이 활활 타오르면 좋은 일이 많이 생긴다고 믿었다.

탈놀이도 했어요. 탈을 쓴 사람은 자신이 쓴 탈의 주인이 됩니다. 양반탈을 쓰면 양반이 된 것 같고, 할미탈을 쓰면 할머니가 된 것 같지요. 다른 탈은 표정을 한 가지만 지을 수 있지만, 하회탈은 여러 표정을 지을 수 있어요. 턱 부분을 따로 만들고 끈을 달아 움직이면 표정도 달라지거든요. (33~34, 41~43쪽)

이런 뜻이에요
달집 정월대보름날 달맞이를 할 때 불을 질러 밝게 하려고 소나무 가지를 쌓아 올린 무더기.
해충 사람에게 해를 끼치는 벌레.
양반 옛날에 백성을 지배하던 사람들.

생각이 쑤욱

1 우리나라는 왜 간장이나 된장, 고추장 등 장이 발달했을까요?

2 장을 항아리에 담아 보관하면 어떤 점이 좋을지 이야기해 보세요.

▲장독대는 된장과 고추장, 간장 등을 항아리에 넣어 모아 놓은 곳이다.

머리에 쏘옥

항아리는 숨을 쉬기 때문에 음식을 오랫동안 보관할 수 있어

▲김치를 넣은 항아리를 땅에 묻은 모습.

우리나라는 사계절이 뚜렷해서 추운 겨울에 먹을 것이 부족했습니다. 그래서 채소나 음식을 오래 저장하려고 항아리에 넣어 보관했습니다. 예를 들어 김치를 담은 항아리는 땅에 묻고, 고추장, 된장, 간장 등을 담은 항아리는 마당에 놓았지요.

항아리는 흙으로 만들기 때문에 유리나 플라스틱으로 만든 그릇과는 달리 표면에 아주 작은 구멍이 생깁니다. 그 구멍을 통해 공기가 들락거려 음식이 쉽게 상하지 않습니다.

오히려 발효가 되어 맛이 더욱 좋아지고, 영양가도 풍부해집니다. 항아리는 깨져서 못쓰게 되어도 잘게 부수면 흙으로 돌아가 환경 오염도 적습니다.

생각이 쑤욱

3 (가)의 밑줄 친 부분에서, 부채를 사용하면 에어컨을 켤 때와 비교해 어떤 점이 좋을까요?

▲부채를 부치면 에너지를 쓰지 않아 지구 온난화를 막을 수 있다.

4 탈놀이의 내용으로 볼 때, 탈을 쓰지 않고 탈놀이를 하면 어떤 일이 벌어졌을지 예를 들어 말해 보세요.

탈놀이꾼들은 신분이 낮은 사람들이었는데, 탈을 쓰고 신분이 높은 사람들을 비웃었습니다. 예를 들어 글을 읽는 것 외에는 할 줄 아는 게 없던 양반이나 자기 이익만 챙기던 관리들을 놀리기도 했지요.

▲양반을 놀려 주려고 만든 양반탈.

머리에 쑤욱

왜 탈을 쓰고 놀이를 했을까

▲탈놀이를 하는 모습.

탈놀이는 놀이꾼들이 탈로 얼굴을 가리고 사람이나 동물로 꾸민 연극을 말합니다.

놀이꾼들은 탈을 썼기 때문에 자기 얼굴을 숨길 수 있었지요. 그래서 양반과 관리를 서슴지 않고 놀릴 수 있었어요.

탈을 쓰지 않으면 양반과 관리를 마음껏 놀리기 어려웠을 거예요. 나중에 그들에게 미움을 받고 보복을 당할 수도 있으니까요.

▲양반을 비웃는 말뚝이탈.

생각이 쏘옥

5 쥐불놀이를 왜 하며, 어떻게 하는지 설명하고, 쥐불놀이를 할 때 조심할 점도 말해 보세요.

▲정월대보름에 쥐불놀이를 하는 모습.

머리에 쏘옥

전통 놀이를 하면서 기를 수 있는 능력

제기차기는 제기를 발로 차는 놀이입니다. 추워서 집에만 있고 싶은 겨울에 밖에 나가 제기를 차면 체력이 강해지고 몸의 중심을 잡는 능력도 키울 수 있습니다.

딱지치기는 요즘에도 많이 하는데, 옛날에는 딱지를 스스로 접어서 쳤지요. 종이로 딱지를 접다 보면 손의 근육이 발달하고 집중력이 높아진답니다. 팔의 힘도 세지지요.

윷놀이는 정월대보름에 윷가락을 던지고 말을 놓아 승부를 겨루는 놀이입니다. 여럿이 모여 작전을 짜면서 윷놀이를 하다 보면 자연스럽게 친구를 사귀는 힘이 길러집니다. 또 짧은 시간에 현명한 판단을 내리는 능력도 키울 수 있지요.

6 전통 놀이인 제기차기와 딱지치기, 윷놀이를 하면 각각 어떤 능력을 기를 수 있을까요?

제기차기	딱지치기	윷놀이

생각이 쑤욱

7 아래 글을 참고해, 친구들에게 비빔밥과 된장찌개, 김치 등 전통 음식을 자주 먹고, 밖으로 나가 전통 놀이를 하자고 권해 보세요(200~250자).

우리나라의 초등학생 다섯 명 가운데 한 명은 몸무게가 정상보다 많이 나가는 비만이다. 주 1회 이상 햄버거나 피자, 치킨 등 패스트푸드를 먹는 학생이 많고, 열 명 가운데 네 명만 주 3회 이상 운동을 하기 때문이다. 어려서 몸무게가 많이 나가면 병에 걸리기 쉽다. 정상 몸무게를 유지하고 건강을 지키려면 영양소가 골고루 든 음식을 주로 먹고, 날마다 운동을 해야 한다.

▲경기도의 한 초등학교는 딱지치기 등 운동 시간을 늘렸는데, 학생들의 몸무게가 많이 줄었다.

<신문 기사 참조>

05 기타 자기가 원하는 일 해야 행복할 수 있어

『슈퍼 거북』

유설화 지음, 책읽는곰 펴냄, 44쪽

 줄거리

거북이가 토끼와 벌인 경주에서 이기고 난 뒤의 이야기입니다. 꾸물이는 '슈퍼 거북'이라는 별명을 얻습니다. 그리고 온 도시에 슈퍼 거북 열풍이 불어 거북의 등딱지를 지고 다니며, 슈퍼 거북 동상까지 세우지요. 하지만 꾸물이는 본모습이 알려지면 다른 동물들이 실망할까 봐 열심히 달리기 연습을 해 진짜 슈퍼 거북이 됩니다. 토끼는 꾸물이에게 다시 도전하는데, 이번에는 꾸물이가 낮잠을 자는 바람에 지고 맙니다. 꾸물이는 오히려 마음이 편해지고, 그동안 원했던 일을 할 수 있어서 행복합니다.

다른 동물들 실망시킬까 봐 매일 달리기 훈련

▲밤새도록 달리기를 잘하기 위해 방법을 연구하느라 힘든 꾸물이.

(가)경주에서 이긴 거북 꾸물이는 스타가 됐어. 다들 꾸물이를 보려고 구름떼처럼 몰려들었지.
"저렇게 빠른 거북이가 있었다니! 토끼도 한물갔군. 슈퍼 거북, 만세!"
온 도시에 슈퍼 거북 바람이 불었어. 너도나도 꾸물이 흉내를 내느라 바빴지. 하루는 꾸물이가 길을 건너는데 동물들이 수군대며 꾸물이를 흘끔거렸어.
"슈퍼 거북이 아닌 것 같은데. 슈퍼 거북이 저렇게 느릴 리 없지."
꾸물이는 동물들이 실망할까 봐 걱정이 됐어. 그래서 단단히 마음을 먹었지. 진짜 슈퍼 거북이 되기로 말이야. 먼저 도서관으로 달려가 책을 뒤졌어. 빨라지는 방법이 나온 책을 모조리 찾아 읽었지. 그리고 곧장 책에 나온 대로 따라 하기 시작했어. 날이면 날마다 더 빨라지려고 안간힘을 쓰자 점점 더 빨라졌어. 어느덧 꾸물이는 진짜 슈퍼 거북이 됐어. 꾸물이가 지나가도 아무도 알아차리지 못했지. 동물들은 혀를 내둘렀어.
"와, 역시 슈퍼 거북이야!" (5~7, 10~13, 23쪽)

본문 맛보기

경기에선 졌어도 하고 싶은 일 하니 오히려 행복

▲경기에서는 졌지만 오랜만에 단잠에 빠진 꾸물이.

(나)그런데 사실 꾸물이는 너무 지쳤어. 볕도 쬐고 책도 보고 꽃도 가꾸고 싶었지. 무엇보다도 예전처럼 천천히 걷고 싶었어. <u>꾸물이는 거울에 비친 한 천 년은 늙어 버린 것 같은 제 모습에 깜짝 놀라곤 했어.</u> 그러던 어느 날 토끼가 다시 경주를 하자며 찾아왔어. 꾸물이는 경주의 '기역'자도 듣고 싶지 않았지만 이웃들이 제멋대로 떠들어댔지.

"이번에도 당연히 슈퍼 거북이 이기겠지?"

소문이 날개 돋친 듯 온 도시로 퍼져 나갔어. 꾸물이는 마지못해 경주에 나서기로 했지만, 경주 걱정에 도무지 잠을 이룰 수가 없었어. 그렇게 며칠이 지나 시합 날이 밝았지. 땅! 총소리가 울려 퍼지자 곧 토끼가 뒤처지고 말았어. 꾸물이가 워낙 빨랐어야지. 잠시 뒤를 돌아보니 토끼는 아예 보이지도 않았지. 꾸물이는 잠깐 쉬어 가기로 했고, 꾸물이가 눈을 떴을 땐 모두들 토끼의 승리를 축하하고 있었지. 꾸물이는 터덜터덜 집으로 돌아갔어. 그리고 아주 오랜만에 단잠에 빠져들었지. (25~29, 32~37, 40쪽)

생각이 쑥쑥

1 느림보 거북 꾸물이가 경주에서 토끼를 이기자 어떤 일이 일어났나요?

▲거북이가 경주에서 토끼를 이기는 모습.

머리에 쏘옥

자기가 좋은 일 해야 행복 느낄 수 있어

자기가 좋아하는 일을 하면서 사는 사람이 가장 행복하다고 합니다.

좋아하는 일을 하면 어려움이 닥쳐도 쉽게 절망하거나 포기하지 않습니다. 오히려 힘든 일을 이겨 내면서 더욱 자신감을 가질 수 있답니다.

좋아하는 일은 사람마다 다릅니다. 그리고 다른 사람이 정해 주는 게 아니라, 스스로 노력해 찾아야 합니다. 그래서 어렸을 적에 많은 경험을 해 보는 것이 도움이 된답니다.

2 (나)의 밑줄 친 부분에서, 꾸물이의 눈에는 왜 거울에 비친 자기 모습이 천 년은 늙어 보였을까요?

▲달리기 훈련에 지쳐 피곤하게 보이는 꾸물이의 모습.

생각이 쑤욱

3 꾸물이는 토끼를 이길 수 있었지만 중간에 잠을 잤는데, 왜 그랬을지 생각해 보세요.

4 자기가 좋아하지 않는데도, 부모님이 시켜서 억지로 한 경험을 말해 보세요.

억지로 한 일	
날짜	
하게 된 이유	
하고 난 뒤의 느낌이나 생각	
다짐	

머리에 쏘옥

좋아하지 않는 일을 억지로 하면

사람은 저마다 하고 싶은 일과 하기 싫은 일이 다를 수 있습니다.

그런데 부모님이 권하거나 무작정 친구를 따라 하느라, 자기가 좋아하지도 않는 일을 억지로 할 때가 있습니다.

이렇게 되면 힘든 일이 생겼을 때 이겨 내지 못하고, 금세 포기하게 되지요. 무엇인가 해냈다는 성취감을 느끼지 못하니 자신감도 떨어집니다. 그리고 다른 일에 도전하고 싶은 용기도 사라진답니다.

▲호기심이 없는 분야의 책을 억지로 읽히면 독서를 싫어하게 될 수도 있다.

생각이 쑤욱

5 올림픽 마라톤에서 1등으로 달리던 리마 선수가 관객이 밀어서 넘어지는 바람에 동메달을 땄는데도, 행복한 미소를 지은 까닭을 아는 대로 얘기해 보세요.

> 지난 2004년 그리스에서 열린 아테네 올림픽 마라톤 경기에서 브라질의 리마(1969~) 선수가 결승선을 얼마 남겨 놓지 않고 1등으로 달리고 있었어요. 그런데 갑자기 한 관중이 뛰어들어 리마를 넘어뜨렸어요. 리마는 벌떡 일어나 다시 달렸고 동메달을 땄어요. 사람들은 리마가 슬퍼할 거라고 생각했어요. 그런데 리마는 자신이 좋아하는 마라톤을 끝까지 뛸 수 있어서 기쁘다고 말했답니다.

▲결승선에 들어서면서 기뻐하는 리마.

머리에 쏘옥

꾸준한 실천 필요

자기가 좋아하는 일을 알면 꿈을 찾기 쉽습니다. 동물을 좋아하면 동물사육사나 수의사를, 그림 그리기를 좋아하면 화가나 디자이너를 꿈꿀 수 있지요.

꿈을 정하면 그 꿈을 이루기 위해 필요한 능력을 갖추려고 꾸준하게 노력해야 합니다. 수의사를 꿈꾼다면 동물을 연구하고, 디자이너를 꿈꾼다면 주변을 관찰해 그림으로 표현해 보는 것입니다.

꿈은 자라면서 바뀔 수 있지만, 이처럼 매일 실천하는 습관을 들이면 성실성과 끈기가 생겨 무슨 일을 하든 성공할 수 있답니다.

▲자신이 실천한 일을 일기에 적고 있다.

6 내가 어른이 되면 하고 싶은 일을 찾고, 그 일에서 성공하려면 지금부터 어떤 노력을 해야 할지 말해 보세요.

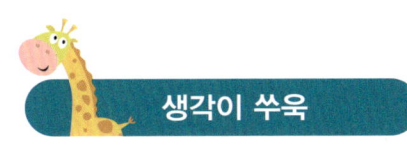

7 아래 글을 읽고, 부모님이 원하는 대로만 사는 어린이들이 늘어나면 어떤 문제점이 생길지 꾸물이의 예를 들어 말해 보세요(200~250자).

자기 꿈이 아니라 부모님이 강요하는 꿈을 가진 학생이 많다. 좋아하지 않는 분야의 일을 하면 아무리 노력해도 원하는 결과가 나오지 않는다. 학생들은 시간이 흐를수록 성공하지 못할까 봐 불안하고 우울해한다. 그래서 학교에서 친구를 따돌리거나 학업을 포기한 채 나쁜 길로 빠지는 등 사회 문제로 이어진다.

<신문 기사 참조>

▲부모님이 시키는 일만 하다 보면 모든 일에 의욕이 사라지기 쉽다.

06 국내 문학
기분 좋은 말 하면 친구가 많이 생겨요

『만복이네 떡집』

김리리 지음, 비룡소 펴냄, 56쪽

줄거리

　만복이는 속마음과 달리 친구들을 기분 나쁘게 하는 말이 튀어나옵니다. 친구들은 그런 만복이에게 욕쟁이라며 친하게 지내려 하지 않습니다. 어느 날, 만복이는 떡마다 이상한 가격표가 붙은 '만복이네 떡집'을 발견합니다. '착한 일 두 개'를 하면 바람떡을 먹을 수 있고, '아이들 웃음 스무 개'가 있으면 무지개떡을 먹을 수 있지요. 만복이는 떡을 먹기 위해 가격표대로 합니다. 친구가 준비물을 가져 오지 않으면 빌려 주고, 욕쟁이라고 놀려도 다투지 않습니다. 친구들과 사이좋게 지내자 친구들의 속마음도 잘 이해하게 됩니다. 친구들은 더 이상 만복이를 부를 때 별명으로 부르지 않습니다.

> 본문 맛보기

말버릇이 나쁘면 다른 사람에게 상처 입혀

▲만복이(왼쪽)가 상처를 주는 말을 해 속상해하는 친구.

(가)수업이 끝나고 선생님은 만복이를 불렀어. "만복아, 넌 어쩌면 그렇게 미운 말만 골라 하니? 그러니 친구들이 싫어하지. 우리 만복이가 말만 좀 예쁘게 하면 얼마나 좋을까…." 선생님은 만복이가 많이 걱정되어서 근심스러운 얼굴로 말했어. '선생님, 저도 제가 왜 그러는지 모르겠어요.' 하지만 입에서는 전혀 다른 말이 튀어나왔어. "정말 짜증 나, 선생님은 왜 만날 나한테만 뭐라 해요?" 만복이네 부모님도 고민이 많은 건 마찬가지였어. 눈에 넣어도 안 아플 귀한 아들이 나쁜 말버릇 때문에 친구도 못 사귀고 사람들한테 손가락질을 받는 건 가슴 아픈 일이었거든. 만복이의 나쁜 말버릇을 고칠 수만 있다면야 금과 은을 다 주어도 아깝지 않을 것 같았어. 하지만 모두들 고개만 저을 뿐, 만복이의 나쁜 말버릇은 고칠 수가 없었지. (8~14쪽)

다른 사람 칭찬하니 나쁜 말버릇 저절로 고쳐져

▲나쁜 말버릇을 고치고 친구와 사이좋게 지내는 만복이.

(나)다음이 음악 시간이라 악기를 하나씩 가져와 연주하기로 했는데, 은지 책상 위에는 아무것도 없었어. 만복이는 리코더와 탬버린을 준비해 온 터라 탬버린을 가져다가 슬쩍 은지한테 건넸어. 집에 가자마자 만복이는 방실방실 웃으며 크게 소리쳤어. "학교에 잘 다녀왔습니다." 만복이가 먼저 인사를 한 적이 한 번도 없었거든. "심술쟁이 만복이 온다." 누군가 소리쳤어. 하지만 만복이는 싱글벙글 웃으며 친구들 모두에게 칭찬을 했어. "너, 눈이 참 예쁘구나?", "넌 그림을 잘 그리는구나!", "넌 정말 똑똑하고 예뻐." 하고 말해 주었지. 그런데 장군이 옆을 지날 때였어. '난 왜 이렇게 공부를 못하지? 이번 시험 망쳐서 엄마 아빠한테 또 두들겨 맞을 텐데…. 공부를 좀 잘하면 얼마나 좋을까? 그럼 두들겨 맞지도 않고, 만날 예쁨만 받을 텐데….' 만복이는 장군이를 진심으로 도와주고 싶었어. (31~51쪽)

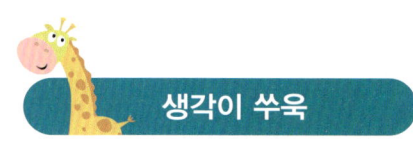

생각이 쑤욱

1 친구들은 만복이를 '욕쟁이', '깡패', '심술쟁이'라고 불렀는데, 왜 그랬을까요?

2 만복이는 속마음과 다르게 입으로 나쁜 말이 튀어나옵니다. 이럴 때 만복이 마음이 어땠을지 만복이의 입장에서 생각해 보세요.

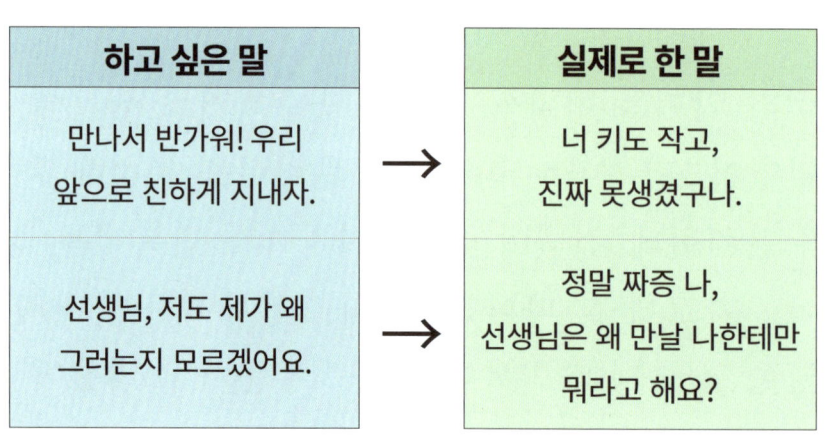

머리에 쏘옥

나쁜 말버릇도 습관

보통 별명은 이름이나 생김새 때문에 생깁니다. 뚱뚱하거나 너무 말라서, 키가 작아서, 이름이 특이해서 등이죠.

그런데 만복이는 나쁜 말버릇 때문에 친구들과 자주 싸워서 욕쟁이나 깡패, 심술쟁이라는 소리를 듣습니다.

예를 들면 만복이는 같은 반 친구 장군이에게 "공부도 못하는 바보 멍청아!" 하고 욕을 했다가 싸움이 붙어 코피가 터진 적도 있었고, 좋아하는 초연이한테는 "잘난척쟁이 공주병 환자야."라고 말한 적도 있었답니다.

그런데 사실 만복이도 왜 그렇게 입만 열면 이상한 말이 쏟아져 나오는지 알 수 없었어요. 친구와 매일 싸우게 되고, 친구들이 미워하니 외톨이로 지내야 하는 일이 속상하기만 했답니다.

만복이가 속마음과 다르게 이상한 말이 자꾸 튀어나온 까닭은 나쁜 말버릇이 습관이 들었기 때문입니다. 나쁜 습관을 고치려면 반성하고 노력해야 합니다. 그리고 꾸준히 실천해야 바꿀 수 있습니다.

생각이 쏙

3 (나)의 밑줄 친 부분을 보면 친구가 성적 때문에 속상해 합니다. 친구에게 어떤 말을 하면 자신감과 용기를 얻을까요?

4 주변에 '만복이네 떡집'이 필요한 친구가 있는지 떠올려 보세요. 그리고 그 친구에게 어울리는 떡 이름을 붙여 그 친구에게 알리세요.

> **예) '명수네 떡집'**
> ☞ 수업 시간에 장난을 심하게 치지 못하게 하는 찹쌀떡.

머리에 쏙

상처받은 친구를 위로하는 방법

겉으로 보이는 상처는 병원에 가거나 연고를 바르면 나을 수 있어요. 하지만 마음의 상처는 쉽게 없앨 수 없지요.

마음의 상처를 입은 친구들에게 따뜻하게 말하면 용기를 얻을 수 있답니다. '힘내, 넌 잘할 수 있어, 우리 더 열심히 하자' 등의 말이 용기를 주는 말이지요.

하지만 이런 말을 할 때도 진심이 담기지 않으면 친구의 마음을 더 아프게 할 수도 있습니다.

무슨 말을 해야 할지 모를 때에는 친구가 하는 말을 잘 들어 주기만 해도 됩니다. 친구가 아무 말도 하지 않을 때는 어깨를 두드려 주는 것도 좋습니다.

▲ 서로 진심으로 이해하는 모습.

생각이 쑤욱

5 '칭찬은 고래도 춤추게 한다'는 말이 있어요. 칭찬의 힘이 그만큼 강하다는 뜻입니다. 내 주변에서 칭찬이 필요한 사람을 한 명만 골라 칭찬해 보세요.

머리에 쏙옥

'만복이네 떡집'

'만복이네 떡집'은 만복이의 나쁜 말버릇을 고치기 위해 상상으로 만들어 낸 곳이지요. 따라서 떡집에 있던 떡 이름과 떡 값도 만복이의 말버릇을 고치기 위한 것이었지요.

달콤한 말이 술술 나오는 꿀떡을 먹으면 친구들에게 칭찬하는 말을 할 수 있었지요. 재미있는 이야기가 뭉글뭉글 떠오르는 무지개떡을 먹으니 친구에게 재미있는 이야기를 들려줄 수 있었습니다. 다른 사람 생각이 쑥덕쑥덕 들리는 쑥떡을 먹으니 다른 사람들의 고민이나 생각을 알 수 있었습니다.

이렇게 만복이의 말버릇을 고치기 위해서는 다른 사람을 칭찬하고, 친구들과 웃으면서 대화하며, 상대에게 관심을 가지려는 노력을 해야 한답니다.

6 아래에 나온 떡과 그 값을 보고, 먹고 싶은 것을 고르세요. 그리고 그 가격표대로 실천한 뒤 실천 내용을 쓰세요.

<송편>	<시루떡>	<경단>
값:이웃을 돕는 일 두 개	값:친구를 돕는 일 세 개	값:내 말버릇을 고치는 일 네 개

1. 내가 고른 떡 :

2. 실천 내용 :

7 아래 글은 명수와 지은이의 대화입니다. 지은이의 말 때문에 명수가 화가 났어요. 지은이의 말이 왜 잘못되었는지 생각해 보고, 명수의 기분을 풀어 주세요.

> 너 내가 빌려준 책 언제 돌려줄 거야?
> — 명수

> 지금 없는데, 내일 줄게.
> — 지은

> 책을 빌려 갔으면 빨리 돌려줘야지. 그리고 넌 나에게 미안한 마음도 안 드니?
> — 명수

> 그럼 미리 얘기하지 그랬어. 집에 있으니 내일 돌려줄게.
> — 지은 

> 명수야,
> — 지은

우리 편이 져도 끝까지 응원해야

07 국내 문학

『꼴찌라도 괜찮아!』
유계영 지음, 휴이넘 펴냄, 36쪽

줄거리

　기찬이는 운동에 자신이 없어서 운동회를 싫어합니다. 그런데 제비뽑기로 선수를 뽑는 바람에 이어달리기 청군 대표가 됩니다. 운동을 잘하는 이호도 함께 뽑혔지만, 운동회 날 아침에 배탈이 나서 빠집니다. 그래서 백군에게 한 바퀴나 떨어지는데, 친구들은 기찬이가 앞서 달린다고 착각해 신이 나서 응원합니다. 기찬이도 친구들의 응원을 받고 열심히 달립니다. 친구들은 나중에 기찬이가 지고 있다는 걸 알았지만 그래도 끝까지 응원합니다.

운동 못하는 기찬이가 이어달리기 선수로 뽑혀

▲아이들이 운동회에 나갈 선수를 정하려고 제비뽑기를 하고 있다.

(가)친구들이 책가방을 향해 얌체공을 던졌어요. 박 터트리기 연습을 하는 거예요. 운동회가 코앞으로 다가왔지만 기찬이는 멀찍이 앉아 물끄러미 친구들을 쳐다봤어요. 기찬이는 운동에 자신이 없거든요. "난 운동회가 정말 싫어!"

운동회에 나갈 선수를 뽑기로 했어요. 모두 들뜬 마음으로 선생님의 말씀에 귀를 기울였죠.

"제비뽑기로 선수를 뽑자. 누구나 한 경기씩 나갈 수 있게 말이야." 친구들이 웅성거렸어요. "에이, 말도 안 돼, 제일 잘하는 사람이 나가야 하는 거 아닌가?" 아이들은 투덜거리며 제비를 뽑았어요.

기찬이의 제비뽑기 순서가 다가왔어요. 기찬이는 '이어달리기'가 쓰인 쪽지를 뽑았어요. 울상이 된 기찬이를 보고 친구들이 몰려들었어요. "안 봐도 질 게 뻔해! 어떡해! 이어달리기가 제일 점수가 높은데!"

그때 이호가 쪽지를 까딱까딱 흔들며 말했어요. "얘들아, 이 형님만 믿어!" 이호가 뽑은 쪽지도 '이어달리기'였어요.

친구들은 쉬는 시간마다 각자 뽑은 종목을 연습했어요. '단체 줄넘기'를 뽑은 친구들도 구호를 외치며 붙어 다녔어요. (1, 6~8쪽)

본문 맛보기

한 바퀴나 뒤졌지만 끝까지 최선을 다해 달려

(나)청군의 세 번째 선수 기찬이는 이를 악물고 뛰었지만 점점 뒤처졌어요. 이미 백군은 마지막 선수가 달리고 있었어요. 하지만 기찬이는 반 바퀴도 채 뛰지 못했지요.

그때 청군의 마지막 주자

▲기찬이가 앞서는 것처럼 보이자 친구들이 깜짝 놀란다.

이호의 뱃속에서 천둥처럼 큰 소리가 났어요. '꾸르륵!' 이호가 배탈이 나서 화장실로 뛰어나갔고, 이제 기찬이의 다음에는 아무도 없었지요.

"어? 나기찬이 이기고 있어!" 친구들이 착각을 했어요. "뛰어라, 달려라, 나기찬!" 기찬이는 어리둥절했어요. 친구들이 목청껏 자신을 응원하고 있었으니까요. 기찬이는 발바닥에 불이 나게 내달렸어요. 기찬이네 반 친구들은 신이 나서 외쳤지요. "기적이야! 우리가 이겼어!"

그런데 기찬이가 한 바퀴를 더 도는 게 아니겠어요? 그때 이호가 헐레벌떡 운동장으로 뛰어왔어요. 친구들은 그제서야 이마를 탁 쳤어요. "이긴 게 아니야? 그것도 한 바퀴나 차이 나게 진 거야?"

기찬이는 괜히 웃음이 나왔어요. 친구들도 어쩐지 웃음이 나오는 걸 참을 수 없었어요. 모두들 기찬이를 둘러싸고 웃으며 운동장을 달렸어요. (19, 21~27쪽)

생각이 쑤욱

1 박 터뜨리기 연습에 참여하지 않고, 물끄러미 친구들만 쳐다보는 기찬이의 기분이 어떠했을까요?

▲기찬이는 운동에 자신감이 없어 참여하지 못한다.

2 선생님이 왜 운동을 잘하는 아이들을 대표로 뽑지 않고 제비뽑기로 정했을까요?

머리에 쏘옥

학교에서 운동회를 하는 까닭

운동회 종목은 줄다리기, 체조, 모래주머니 던져 박 터뜨리기, 이어달리기 등 여러 가지입니다.

운동회는 부모님도 참여해 함께 어울리는 행사입니다. 따라서 경기에서 일등을 하거나 좋은 기록을 내는 것이 목표가 아닙니다. 학생들이 모두 참여해 경기를 하면서 책임감과 협동심을 기르는 데 있지요.

청백 두 팀으로 나눠 진행할 경우 팀별로 한마음이 되어 응원해야 합니다. 다른 팀에게도 박수를 보내 줘야 하지요.

제비뽑기

제비뽑기는 종이나 나무 조각에 글을 적고, 그 가운데 하나를 뽑아 결과를 결정하는 방법입니다. 어려운 결정을 내려야 할 때 다툼이 없이 편하게 해결하는 방법이지요.

요즘에는 학생의 학교 입학이나 아파트 추첨, 복권 추첨 등 여러 곳에 쓰입니다.

생각이 쑥쑥

3 친구들의 응원이 기찬이를 어떻게 변화시켰는지 설명하고, 응원의 힘이 어떤지도 이야기해 보세요.

응원을 받기 전 모습	응원을 받은 뒤 모습
응원의 힘	

머리에 쏘옥

응원의 힘

운동 경기에 나간 선수들은 무척 떨려서 갈고 닦은 실력을 제대로 보이지 못하는 경우가 있습니다. 이때 선수들이 긴장을 풀고 힘을 내라고 돕는 활동을 응원이라고 하지요.

노래를 부르거나 춤을 추거나 손뼉을 치는 등 여러 가지 방식으로 합니다.

응원은 같은 팀을 더 단결하게 만들고, 경기에 나간 선수들이 더 열심히 뛰게 하는 효과가 있답니다.

▲응원을 하면 경기에 나간 선수들을 더 열심히 뛰게 하는 효과가 있다.

4 (나)의 밑줄 친 부분에서 반 아이들은 왜 기찬이가 한 바퀴나 떨어진 줄 알면서도 기찬이와 함께 달렸을까요?

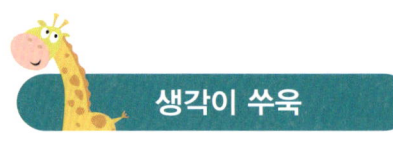

5 자신이 응원한 팀이 졌다면서 선수들에게 화를 내는 학생에게 무슨 잘못을 했는지 알려 주고, 응원을 어떻게 해야 하는지 설명하세요.

6 운동회에서 일등만 칭찬을 받아야 하는 건 아니지요. 참가한 선수들에게 줄 나만의 상장을 만드세요.

☞ 상 이름을 정하고, 그 상을 왜 주는지 적으면 됩니다.

(　　　　)상

　　　　　　　때

　　　　　　　해서

　　　　　　　때문에

　　　　　　　이 상장을 드립니다.

머리에 쏘옥

감동의 운동회

　행복이는 태어나면서부터 뼈가 잘 자라지 않는 병을 앓고 있습니다. 그래서 달리기 시합을 할 때마다 꼴찌를 할 수밖에 없었죠.

　운동회 날도 꼴찌로 달리고 있었는데, 함께 겨루던 친구 넷이 달려와 행복이의 손을 잡고 함께 뛰었지요. 일등도 없고 꼴찌도 없는 그날의 운동회는 모두에게 감동을 주었답니다.

　행복이는 키가 작아 늘 불만이었는데, 그날 이후 자신의 키에 만족한다며 자신감을 보였어요. 친구들의 응원 덕분에 자신감을 찾게 된 것이죠.

▲행복의 친구들이 행복이의 손을 잡고 나란히 달리고 있다.

생각이 쑤욱

7 아래 글을 참고해 운동회에서 배울 수 있는 점은 무엇이며, 선수와 응원단이 지더라도 모두 끝까지 최선을 다해야 하는 까닭을 말해 보세요(200~250자).

> 초등학교 운동회가 변하고 있다. 청백으로 나뉘어 오로지 승리하는 아이만 웃는 경쟁이 아니라 함께 즐기는 축제가 되었다. 운동회에서 이기는 법을 배우는 것이 아니라 지더라도 포기하지 않고 최선을 다하는 마음을 배우는 것이다. 규칙을 지키고 친구와 협동하는 방법을 배우며, 친구를 배려하는 마음과 인내심을 키우는 등의 교육을 실천하는 운동회가 되었다.
>
>
> ▲운동회 때 아이들이 함께 공굴리기를 하는 모습.
>
> <신문 기사 참조>

08 국내 문학
걱정을 없애는 여러 가지 방법

『걱정 상자』

조미자 지음, 봄개울 펴냄, 44쪽

 **줄거리**

도마뱀 주주와 호랑이 호는 친한 친구 사이입니다. 그런데 요즘 주주는 걱정이 많아져 웃음까지 잃었습니다. 호는 주주의 마음을 편하게 해 주고 싶어서, 주주에게 걱정을 상자에 담으라고 합니다. 주주의 '걱정 상자'는 산더미처럼 쌓였습니다. 호는 주주의 걱정 상자를 새총에 걸어 멀리 보내기도 하고, 예쁘게 꾸며 주기도 합니다. 말 한마디로 걱정 상자를 없애기도 하지요. 마침내 주주는 걱정 상자가 모두 사라져 활짝 웃습니다.

본문 맛보기

주주의 많은 걱정을 상자에 담아 멀리 날려 보내

▲독수리가 나타나 나무에 매단 주주의 걱정 상자를 채가고 있다.

(가)도마뱀 주주는 걱정이 너무 많아 잘 웃지도 않습니다. 호랑이 호는 주주의 마음이 편해지는 방법을 찾아 주고 싶었지요. 그러다 좋은 생각이 났다며 주주를 부릅니다. 호는 준비한 상자에 걱정을 모두 담으라고 합니다.

걱정 상자가 산더미처럼 쌓이자 놀란 입이 다물어지지 않습니다. 호는 걱정 상자를 커다란 새총에 걸어 멀리 보냅니다. 걱정 상자가 멀리에 떨어지자 작아 보이죠. 호는 걱정 상자를 예쁘게 색칠해 보자고 합니다. 호와 주주는 상자를 꾸밉니다. 예쁘게 꾸민 걱정 상자를 나무에 다니 살랑살랑 흔들리며 다르게 보입니다. 이번엔 걱정 상자들을 그냥 두고, 다른 곳을 보거나 딴생각을 하기로 하지요. 그러자 새가 걱정 상자를 채가 순식간에 사라져 버립니다. 주주의 놀란 입이 다물어지지 않습니다.(1~10, 12~18쪽)

> 본문 맛보기

주주와 호가 힘을 합쳐 걱정 상자 모두 없애

▲호가 걱정 상자에게 "괜찮아! 잘될 거야! 나도 그래!" 등의 말을 하자 상자들이 '펑!' 하고 터진다.

(나)바람이 갑자기 불더니 걱정 상자가 날아가 버립니다. 호가 남은 걱정 상자에게 "괜찮아! 잘될 거야! 나도 그래! 사랑해! 할 수 있어!"라고 말하니, 걱정 상자들이 펑! 하고 사라집니다. 이제 남은 한 개의 상자마저 호가 마술사 하마를 불러 없애려고 합니다. 마술사가 '수리수리 마수리 사라져라 얍!' 하고 말했지만, 걱정 상자는 그대로예요. 작아지지도 않고, 달라지지도 않고, 사라지지도 않아 주주와 호는 생각에 잠깁니다. 지나가던 사자 부가 다가옵니다. 부는 주주의 걱정을 함께 얘기하자고 말하죠. 그러더니 펄쩍 뛰어올라 상자 위에 앉습니다. 그 순간 상자가 푹 찌그러지지요. 주주와 호도 뛰어올라 상자 위에 앉지요. 주주는 호와 부에게 고맙다고 말하며, 걱정 없이 활짝 웃습니다. (20~28, 30~42쪽)

생각이 쑤욱

1 주주에게 걱정에 관련된 우리 속담을 한 가지만 알려 주고 무슨 뜻인지도 이야기해 주세요.

▲걱정이 많으면 다른 사람에게 꽉 붙잡힌 것처럼 답답하며 아무 일도 하기 어렵다.

2 호가 주주의 걱정 상자를 커다란 새총에 걸어 멀리 날린 까닭은 무엇인가요?

▲나뭇가지에 고무줄을 매 만든 새총. 고무줄에 상자를 끼워 튕기면 날아간다.

머리에 쏘옥

걱정에 관한 우리 속담

우리나라 속담 가운데 '걱정도 팔자.'라는 속담이 있어요. 하지 않아도 될 걱정을 자꾸 하거나, 쓸데없이 남의 일에 참견하는 사람에게 해 주는 말이랍니다.

'기쁨은 나누면 배가 되고, 슬픔은 나누면 반이 된다.'는 말도 있습니다. 기쁜 일을 이야기하면 축하를 받고 함께 기뻐해 주어 기쁨이 커지고, 슬픈 일을 말하면 함께 슬퍼해 주기 때문에 위로가 되어 슬픔이 줄어든다는 뜻이죠.

서양에는 '걱정은 고양이도 죽인다.'라는 속담이 있습니다. 목숨이 아홉 개라고 여기는 고양이조차 죽일 만큼 걱정이 몸에 해롭다는 말이죠.

▲친구에게 걱정을 털어놓자, 걱정이 반으로 줄어 웃음이 났다.

생각이 쑥쑥

3 학교에서 친한 친구가 나를 못 본 척 지나쳤는데, 속이 상해 잠이 오지를 않아요. 이럴 땐 어떻게 해야 할까요?

▲선생님께 걱정거리를 털어놓으면 불안한 마음이 사라진다.

머리에 쏙쏙

걱정을 해결하는 방법

누구나 하루에도 몇 번씩 걱정을 하며 삽니다. 걱정거리가 생기면 마음이 불편하고 힘들죠. 하지만 걱정이 꼭 나쁜 것만은 아니에요. 걱정거리가 생긴 이유를 생각하면 미리 대비할 수도 있고, 해결 방법을 찾을 수도 있기 때문이죠.

걱정이 생기면 일기장에 자세히 적어 봅니다. 머리에서 맴도는 걱정을 글로 보면 마음이 차분해지지요.

믿을 만한 친구들이나 부모님, 선생님께 솔직하게 이야기해도 좋아요. 다른 사람의 의견을 들으면 생각이 바뀌기도 하거든요. 걱정을 잠시 잊고, 다른 일을 하며 지내면 저절로 사라지기도 합니다.

4 걱정이 있으면 좋은 점을 내가 겪은 예를 들어 말해 보세요.

▲환경이 오염되는 것을 걱정해 쓰레기를 줍는 어린이들.

생각이 쑥쑥

5 아래 이야기에 나오는 어머니에게 걱정을 덜어 줄 수 있는 아이디어를 말해 주세요.

> 옛날에 우산 장수와 짚신 장수 자식을 둔 어머니가 살았습니다. 어머니는 날마다 걱정이 끊이질 않았습니다. 비가 오면 짚신이 안 팔릴까 걱정이 되었고, 날씨가 좋으면 우산이 안 팔릴까 걱정이 되었기 때문입니다.

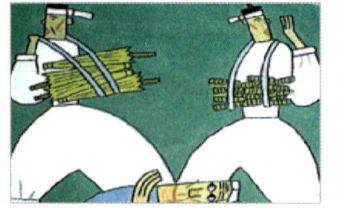
▲어머니는 자식 걱정이 끊이질 않았다.

머리에 쏘옥

걱정 없애 주는 걱정 인형

걱정 인형은 중앙아메리카의 과테말라에서 오래전부터 전해 온 인형입니다. 이곳에서는 아이가 걱정거리가 생겨 잠들지 못할 때, 걱정 인형을 꺼내 걱정거리를 들려주지요. 그리고 그 인형을 베개 아래에 넣고 잡니다. 그러면 부모님이 걱정 인형을 치우고, 아이에게 인형이 걱정거리를 가져갔다고 말해 주지요. 인형에게 걱정거리를 말하면 걱정이 사라진다고 믿기 때문에, 실제로 걱정이 줄어드는 효과가 있답니다.

현재 병원이나 상담센터 등에서 걱정 인형을 이용해 걱정을 없애는 치료를 합니다.

6 걱정거리가 생겼을 때 언제 어디서라도 나의 걱정을 들어줄 인형을 만들어요.

☞ 남는 천이나 털실 등을 이용해서 걱정 인형을 만들 수 있습니다.

▲도화지를 새끼손가락 크기로 잘라서 털실로 칭칭 감아 만든 걱정 인형.

생각이 쑤욱

7 걱정거리를 세 가지 이상 말하고, 호가 주주의 걱정거리를 해결해 주었듯 걱정거리를 사라지게 할 방법을 친구들과 함께 찾아보세요(200~250자).

☞아래 제시한 방법 가운데 한 가지를 골라 해결하거나 새로운 해결 방법을 떠올려 보세요.

- 용기를 낸다.
- 일기장에 적고 다음 날 읽어 본다.
- 친구에게 내 마음을 이야기한다.
- 연습이 필요하다.
- 선생님에게 걱정거리를 알린다.
- 다른 방법을 찾는다.

▲걱정거리를 적은 뒤 선생님이나 친구들과 함께 해결 방법을 찾는다.

걱정거리	해결 방법
달리기 시합을 하는데, 꼴찌를 할까 걱정된다.	

길고양이와 함께 사는 방법

09 국내 문학

『고양이 별』

이용한 지음, 책읽는곰 펴냄, 84쪽

줄거리

길고양이 꼬미는 아파트 지하실에서 태어나고 자랐는데, 엄마, 알록 이모, 코코 아저씨와 함께 삽니다. 쓰레기봉투를 헤집고 먹을 것을 구해 어렵게 생활하지요. 그런데 어느날부터인가 송이라는 아이가 음식을 챙겨 줘서 그럴 필요가 없어지지요. 하지만 아파트 주민들은 고양이 때문에 시끄럽고 지저분하다며 지하실 문을 자물쇠로 잠급니다. 송이와 송이의 엄마는 문을 열어 달라고 항의합니다. 꼬미는 며칠 만에 풀려나 송이네 집에서 함께 살게 됩니다.

> 본문 맛보기

사람들이 먹다 버린 음식 먹을 뿐 도둑은 아니야

▲길고양이가 쓰레기봉투를 헤집으며 음식을 찾고 있다.

(가)나는 길고양이예요. 엄마는 아파트 지하실에서 나를 낳았대요. 어둡고 축축하지만, 비바람을 피할 수 있지요. 한번은 엄마를 따라 바깥 구경을 나갔다가 돌멩이가 날아와 깜짝 놀랐어요.

"이놈의 도둑고양이, 재수 없게!"

다리가 떨려서 한동안 움직일 수도 없었어요. 엄마가 나를 토닥거리며 말했어요.

"우리는 도둑고양이가 아냐. 그저 사람들이 먹다 버린 음식을 먹는 것뿐이야. 조금 부끄럽기는 해도 죄는 아니란다."

쓰레기봉투를 헤집어 놓으면 거리가 지저분해진다는 걸 알아요. 하지만 그거라도 먹지 않으면 굶어 죽을 수밖에 없잖아요. 엄마는 어릴 적 형제가 많았는데, 모두 고양이 별로 떠나서 지금은 알록 이모만 남았어요. 고양이 별은 고양이가 죽어서 가는 별이에요. 어느 날 한 아이가 내 앞에 사료 그릇을 내려놓으며 말을 걸었어요.

"나는 초등학교 1학년 송이라고 해. 너는 꼬마 고양이니까, 꼬미라고 부를게." (2~5, 29쪽)

본문 맛보기

"사람들은 쉽게 좋아하고 쉽게 싫증을 내지"

(나)날마다 지하실 입구에 사료와 물그릇이 놓여 있었어요. 이제 쓰레기봉투를 헤집을 필요가 없어졌어요. 하지만 코코 아저씨는 사람을 믿지 않기 때문에 경계의 눈빛을 보냈어요.

▲사람들이 준 사료를 먹는 길고양이.

"사람들은 쉽게 좋아하고 쉽게 싫증을 내지. 내 주인도 내가 아기였을 적에는 날마다 안아 주더니 언제부턴가 털이 많이 빠진다며 나를 버렸어."

어느 날 시끄러운 소리가 들렸어요.

"저놈의 도둑고양이들 다 죽여야 해! 이 밥그릇은 뭐야! 지하실 문 닫고 자물쇠 걸어요. 저것들 돌아다니면 아파트가 지저분해지고 집값도 떨어진다고!"

밖에서 송이 엄마의 목소리가 들렸어요.

"문 열어요! 저대로 두면 다 죽어요. 이건 동물 학대예요."

그날 밤 엄마가 돌아오지 않아 나는 눈물이 났어요. 코코 아저씨가 울먹이는 내 등을 토닥거렸어요.

"요즘엔 병원에서 중성화수술을 받은 뒤 풀려나는 고양이도 있으니 너무 걱정 마."

하지만 끝내 엄마는 돌아오지 않았어요. 며칠 후 동물보호협회 사람들이 지하실 문을 열어 주었고, 나는 이제 송이네 집에서 함께 살게 되었어요. (27~34, 48~58, 75~77쪽)

이런 뜻이에요
중성화수술 동물이 더 이상 새끼를 낳을 수 없게 생식 기능을 없애는 수술.

생각이 쑤욱

1 길고양이 가족이 아파트 지하실에서 살게 된 까닭은 무엇인가요?

▲지하실에 갇힌 고양이가 동네 사람이 가져다 준 먹이를 먹고 있다.

머리에 쏘옥

길고양이를 싫어하는 까닭

길고양이에게 먹이를 주고 집을 만들어 주면서 돕는 사람도 있지만, 싫어하는 사람도 있답니다.

길고양이가 쓰레기봉투를 헤집어 놓아 지저분하고, 울음소리가 시끄럽기 때문이지요. 감염병도 옮길 수 있습니다.

그런데 쓰레기봉투를 헤집는 까닭은 심술을 부리려는 게 아니라 먹을거리를 찾느라 그런 것입니다. 고양이가 다니는 길목이나 쓰레기봉투 옆에 먹이를 놓아 두면 해결됩니다.

옛날에는 쥐가 많아 고양이를 고맙게 여겼지만, 도시에서 쥐가 사라지면서 고양이가 별로 쓸모없어 미움을 받고 있답니다.

2 사람들은 왜 길고양이를 싫어하나요?

▲고양이가 배가 고프다며 울음소리를 내고 있다.

생각이 쑤욱

3 도시에서 길고양이를 시끄럽고 지저분하다며 모두 잡아 없애면 어떤 일이 벌어질까요?

☞ 우리나라의 길고양이는 100만 마리쯤 되며, 서울에만 14만 마리가 삽니다.

▲한강공원에 쓰레기가 늘어나면서 쥐떼가 늘었다.

4 길고양이를 학대하면 안 되는 까닭을 길고양이의 입장에서 말해 봐요.

▲인천에서 최근 화상을 당한 새끼 길고양이 한 마리가 구조되었다. 그런데 누군가 일부러 고양이게게 불을 붙였다고 한다.

머리에 쏘옥

길고양이를 모두 없애면 어떻게 될까

길고양이는 사람이 먹다 버린 음식물 외에도 쥐 등을 잡아 먹고 삽니다. 따라서 길고양이가 모두 사라지면 쥐가 늘어나서 피해를 줍니다. 또 길고양이를 도시에서 없애면 지방 등 다른 곳의 길고양이가 와서 도시의 빈자리를 메우게 됩니다.

동물을 학대하면 안 되는 까닭

다른 나라에서는 길고양이들이 사람을 봐도 잘 도망가지 않습니다. 하지만 우리나라는 심하게 사람을 경계합니다. 학대를 받았기 때문입니다.

동물도 사람처럼 고통을 느끼고 감정도 있습니다. 따라서 모든 생명은 똑같이 소중하기 때문에 보호해야 합니다. 사람들이 자기 기분에 따라 때리거나 위협을 주면 안 되는 것이죠. 병에 걸렸으면 치료를 해 주고, 배가 고프면 먹이를 줘야 합니다.

동물을 학대하면 나중에 나보다 약한 사람에게 쉽게 폭력을 가할 수 있습니다.

▲길고양이를 학대하면 죄를 짓는 행동이다.

생각이 쑤욱

5 길고양이들에게 밥을 챙겨 주는 사람들을 욕하거나 때리는 사람도 있는데, 이렇게 하면 안 되는 까닭은 무엇인가요?

▲고양이에게 먹이를 주는 캣맘들.

머리에 쏘옥

길고양이와 사람이 함께 사는 세상

길고양이에게 먹을거리와 쉼터를 챙겨 주는 사람을 캣맘(여성) 또는 캣대디(남성)라고 합니다.

세상에는 여러 가지 생각을 가진 사람들이 함께 살아요. 그래서 길고양이를 좋아하는 사람도 있고, 싫어하는 사람도 있지요.

하지만 나와 생각이 다르다고 그 사람을 나쁘다며 욕하거나 몰아붙이면 안 돼요.

길고양이에게 먹을 것을 챙겨 주면 음식물을 찾으려고 지저분한 쓰레기봉투를 찢지 않습니다. 쉼터를 만들어 주면 아무 데서나 자지 않기 때문에 밤중에 시끄럽게 이곳저곳 돌아다니며 울지도 않는답니다.

6 길고양이를 잡아다 중성화수술을 한 뒤 풀어 주는 일에 찬성하거나 반대하는 의견 가운데 자기 생각을 한 가지 정하고, 왜 그런지도 말해 보세요.

중성화수술은 길고양이가 더 이상 새끼를 낳을 수 없도록 해서 고양이의 수를 줄이는 효과가 있습니다. 고양이의 수가 줄면 먹이 경쟁도 사라져 한밤중에 고양이의 울음소리가 들리지 않게 되지요. 또 고양이들이 먹이를 찾으면서 쓰레기봉투 등을 뜯어 놓는 일도 일어나지 않습니다. 하지만 동물이 새끼를 낳을 수 있는 권리를 사람이 함부로 빼앗으면 안 된다는 의견도 있습니다. 사람의 입장에서는 중성화수술이 길고양이를 줄이려고 하는 일이지만 길고양이는 학대를 당하는 것이죠. 그러니 고양이를 기르다 버리지 않는 일이 먼저라고 말합니다.

▲중성화수술을 받은 고양이는 왼쪽 귀 끝을 살짝 자른 뒤 풀어 준다.

생각이 쑤욱

7 아래 글을 읽고 길고양이가 생긴 까닭과, 길고양이와 사람이 함께 살 수 있도록 내가 도움을 줄 수 있는 방법을 말해 보세요(200~250자).

길고양이는 집이 없이 떠돌아다니는 고양이를 말한다. 길고양이들 가운데는 사람들이 기르다 버리거나 길을 잃은 것이 많다. 길고양이는 대개 사람들이 모여 사는 마을 주변이나 학교 근처에 산다. 숲이 있어 숨을 곳이 있고, 음식물 쓰레기 등 먹을 게 충분하기 때문이다.

▲사람들이 만들어 준 길고양이의 쉼터.

<신문 기사 참조>

10 세계 문학 — 피부색 다르면 앉는 자리도 달라야 할까

『사라, 버스를 타다』

윌리엄 밀러 지음, 사계절 펴냄, 30쪽

줄거리

미국에서 흑인에게 차별 대우를 하지 말아 달라는 운동을 시작한 로사 파크스의 실제 이야기를 담았습니다. 주인공인 사라는 매일 엄마와 함께 버스를 타고 학교에 갑니다. 그런데 사라와 엄마는 한 번도 버스 앞쪽에 탄 적이 없습니다. 흑인은 뒤쪽에, 백인은 앞쪽에 타야 한다는 법이 있었기 때문이죠. 어느 날, 사라는 궁금한 마음이 들어 앞자리에 앉았다 경찰에 붙잡혀 갑니다. 사람들은 사라의 용기에 힘을 얻어 버스에 타지 않고 걷기 운동을 벌입니다. 결국 법은 바뀌고 사라는 앞자리에 앉을 수 있게 됩니다.

본문 맛보기

흑인은 버스 뒷자리에만 앉아야 하는 법이 있어

▲1955년 미국 앨라배마주의 버스 안 모습. 버스 앞쪽은 백인 전용 좌석이었다.

(가)아침마다 사라는 엄마와 함께 버스를 탔습니다. 언제나 백인들과는 구분되어 뒷자리에 앉았지요. 어느 날 아침, 사라는 버스 앞쪽 자리가 얼마나 좋은 곳인지 알아보기로 마음먹었습니다. 사라는 자리에서 일어나 좁은 통로로 걸어 나갔습니다. 앞쪽 끝까지 가서 운전사 옆자리에 앉았습니다. 운전사가 성난 얼굴로 사라를 쏘아보았습니다. "꼬마 아가씨, 뒤로 가서 앉아라, 너도 알다시피 늘 그래 왔잖니." 사라는 그대로 앉은 채 속으로 말했습니다. '뒷자리로 돌아갈 아무런 이유가 없어!' 운전사는 자리에서 일어나 쿵쾅거리며 계단을 내려갔습니다. 운전사는 경찰관과 함께 돌아왔습니다. 경찰관이 살짝 웃으며 말했습니다. "아무렴. 법에는 말이다, 너희 같은 사람들은 버스 뒷자리에 앉아야 한다고 나와 있단다. 그래서 말인데, 법을 어기고 싶지 않다면 네 자리로 돌아가거라." (2~10쪽)

본문 맛보기

한 소녀 힘으로 인종 차별하는 법이 바뀌다

　(나)경찰관이 안타깝다는 듯 고개를 절레절레 흔들더니 사라를 번쩍 안아 올렸습니다. 그러고는 사람들 사이를 지나 경찰서로 향했습니다. 경찰관이 엄마에게 전화를 하는 동안 사라는 커다란 책상 앞에 앉아 있었습니다. 키가 큰 남자가 사진기를 들고 와 사라의 사진을 찍었습니다. "신문사에서 왔단다. 용기 있는 행동을 한 사람에 대한 기사를 쓰고 있어." 이튿날 아침, 엄마는 사라에게 버스를 타는 대신 걸어가는 게 어떻겠냐고 물었습니다. 둘은 버스 정류장을 천천히 지나갔습니다. 사라 또래의 사내아이 하나가 신문과 연필을 가지고 뛰어왔습니다. 사라는 신문 첫 장에 난 자신의 사진을 보고 몹시 쑥스러웠습니다. 사람들은 사라를 뒤따라 걸었습니다. 그날은 어떤 흑인도 버스를 타지 않았습니다. 그 다음 날도 마찬가지였습니다. 사람들은 끝내 법을 바꾸었습니다! (11~14, 22~26쪽)

▲흑인들이 차별에 반대하기 위해 길을 걸으며 시위하는 모습.

생각이 쑤욱

1 (나)의 밑줄 친 부분처럼 경찰서에 붙잡혀 간 사라를 인터뷰하려고 합니다. 기자의 물음에 사라가 어떻게 대답할지 말해 보세요.

> 기자 : 사라 양은 흑인이면서도 법으로 금지된 버스 앞자리에 앉았나요?
>
> 사라 :
>
> 기자 : 운전사가 뒷자리로 가라고 했는데, 왜 말을 듣지 않았죠?
>
> 사라 :
>
> 기자 : 사라 양은 앞으로 자신이 어떻게 될 것으로 생각하세요?
>
> 사라 :

2 미국에서 백인은 앞자리에 앉고 흑인은 뒷자리에 앉게 하는 등 피부색에 따라 자리를 차별하는 법이 왜 생겼을까요?

▲미국은 1800년대부터 아프리카에서 흑인을 데려와 노예로 삼았다.

머리에 쏘옥

1950년대 미국의 흑인과 백인 인종 차별

1950년대 미국에는 버스에 배려석이 있었는데, 지금 노약자나 임신부를 위한 배려석과는 달랐습니다. 배려석은 앞 10자리를 지정했는데, 백인을 위한 자리였지요.

흑인은 차별을 당했기 때문에 버스에서도 뒷자리에 앉아야만 했고, 사람이 많을 때는 좌석을 백인에게 양보해야 했어요. 그리고 흑인은 백인과 같은 학교에 다닐 수도 없었어요.

인종 차별

사람들은 피부색 등에 따라 여러 인종으로 나뉩니다. 그런데 인종 차별이란 대개 흑인 등 유색 인종에게는 불이익을 주는 것을 말합니다. 1800년대 미국의 농장 주인들이 아프리카의 흑인을 노예로 데려온 데서 시작되었지요. 지금 노예제도는 없어졌지만 여전히 백인이 흑인을 얕잡아보는 등 피부색에 따른 차별이 남아 있습니다.

▲흰색 달걀들이 갈색 달걀을 따돌리고 있다.

생각이 쑤욱

3 사라가 용기 있게 행동하기 전까지 왜 흑인은 차별을 받으면서도 참았을까요?

4 흑인들은 왜 먼 거리를 걸어야 하는 고통을 참으면서도 버스를 타지 않았나요?

▲'사라'의 실제 인물인 로자 파크스. 1955년 백인에게 자리 내주기를 거부했다가 체포된 뒤 법원으로 가고 있다.

머리에 쏘욱

로사 파크스

흑인 여성인 로사 파크스(1913~2005)는 1955년 미국 앨라배마주 몽고메리시의 한 버스 안에서 백인에게 자리를 양보하지 않아 경찰에게 체포되었습니다.

그는 일을 마친 뒤 집에 돌아가고 있었어요. 그런데 버스에 탄 백인이 많아지자, 운전사가 로사 파크스에게 자리를 양보하라고 했지요. 하지만 운전사의 요구가 옳지 않다고 느껴 따르지 않았죠. 결국 법을 어긴 죄로 체포되었답니다.

버스 안 타기 운동이 흑인 차별을 끝내다

1955년 로사 파크스가 백인에게 자리를 양보하지 않아 체포되자, 많은 흑인들이 버스 안 타기 운동을 벌였어요. 흑인을 차별하는 법에 항의한 거지요.

이 운동은 381일 동안 이어졌고, 참여한 사람은 5만 명이 넘었답니다.

이 운동 때문에 흑인과 백인을 차별하는 법이 바뀌었고, 미국에서 인종 차별이 사라지는 시작이 되었어요.

▲흑인들이 버스를 타지 않고 걸어 다니며 흑인을 차별하는 법을 없애 달라고 항의하고 있다.

생각이 쑤욱

5 버스 안에서 차별 대우를 받던 흑인들이 힘을 모아 저항하자 버스 좌석 차별이 사라졌습니다. 아래의 연설을 참고해 그 뒤에는 어떤 일이 일어났을지 이야기를 지어 보세요.

> "나에게는 꿈이 있습니다. 언젠가는 나의 어린 네 자녀가 피부색이 아니라 인격에 따라 평가를 받는 나라에서 살게 되는 날이 오리라는 꿈입니다."

▲연설하는 킹 목사.

<1963년 8월 28일 마틴 루서 킹 목사의 연설 중에서>

6 '피부색이 달라도 모두 같은 사람이니 존중을 받아야 한다'는 내용의 광고를 만들어요.

제목

그림이나 사진

알리고 싶은 내용

머리에 쏘옥

흑인 차별을 반대하는 운동

마틴 루서 킹(1929~68) 목사는 흑인들의 '버스 안 타기 운동'을 이끌었습니다.

흑인들은 버스 안에서 차별을 없애는 것을 시작으로, 백인과 같은 대우를 받기 위해 계속 노력했습니다. 그 결과 학교와 식당 등 다른 곳에서 벌어지던 차별도 점점 사라졌어요.

공익 광고

광고는 어떤 대상을 널리 알리는 활동을 말합니다. 이 가운데 여러 사람에게 바람직한 생각을 심어 주기 위해 하는 광고를 공익 광고라고 하지요.

광고에는 알릴 내용을 간단하게 적고, 내용에 맞는 사진이나 그림을 넣습니다.

▲인종 차별을 반대하는 공익 광고.

7 아래 글을 읽고, 외국에서 우리나라로 이사 온 어린이들이 잘 적응할 수 있도록 도울수 있는 방법을 말해요(200~250자).

> 외국에서 우리나라로 이사 와서 사는 어린이들은 여러 가지 문제로 어려움을 겪는다. 우리말이 서툴러 또래와 어울리기 힘들어한다. 피부가 검다는 이유로 놀림을 받는 등 외모 때문에 또래 친구들에게 따돌림을 당하고 차별을 받기도 한다. 한 어린이는 태권도를 열심히 배웠으나 승품 심사에 참여할 수조차 없었다고 한다.
>
> <신문 기사 참조>
>
>
> ▲우리나라의 다문화가정 어린이들이 차별을 하지 말아 달라고 외치고 있다.
>
> **승품 심사** 태권도 실력의 등급을 결정하는 것.

11 세계 문학 | 자기만의 느낌이 담긴 그림 그려야

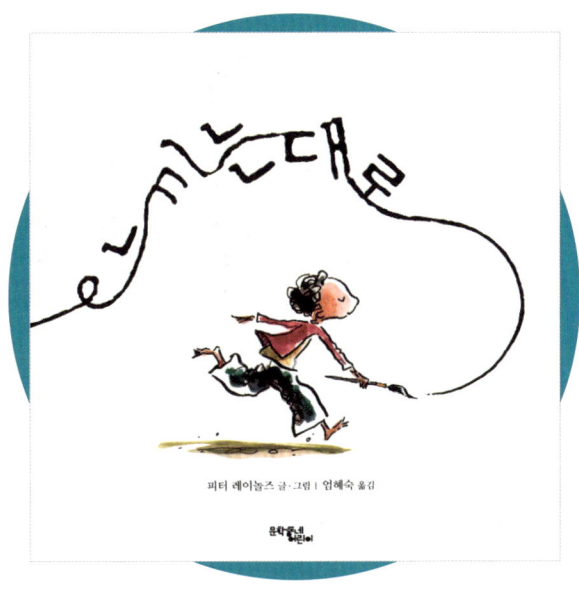

『느끼는 대로』
피터 레이놀즈 지음, 문학동네 펴냄, 32쪽

레이먼은 그림 그리기를 좋아해서 틈만 나면 그림을 그립니다. 형 레온은 레이먼이 그린 꽃병을 보고 도대체 뭘 그린 거냐며 비웃습니다. 그 뒤 레이먼은 뭐든지 똑같이 그려 보려고 애쓰지만 잘되지 않지요. 어느 날 레이먼은 여동생 마리솔의 방에 레이먼이 망쳐서 버린 그림들이 잔뜩 붙어 있는 걸 봅니다. 마리솔은 레이먼이 그린 꽃병은 실제 꽃병 모습과 똑같지는 않지만, 꽃병 느낌이 난다고 말합니다. 그 뒤 레이먼은 세상을 느끼는 대로 그립니다.

본문 맛보기

뭐든지 똑같이 그리려고 애쓰지만 잘 안 돼

▲레이먼은 뭐든지 똑같이 그려 보려고 애쓰지만 망친 그림만 쌓였다.

(가)레이먼은 그림 그리기를 좋아했어요. 언제 어디서나 무엇이든지 그렸지요.

어느 날 꽃병을 그리고 있었어요. 형 레온이 어깨 너머로 레이먼의 그림을 들여다보았지요.

"도대체 뭘 그리는 거야?"

형은 웃음을 터뜨리며 물었어요. 레이먼은 아무런 대답도 할 수 없었어요. 그린 걸 마구 구겨서 휙 던져 버렸지요. 형의 비웃음이 레이먼의 머리에서 떠나지 않았어요. 레이먼은 뭐든지 '똑같이' 그려 보려고 했어요. 하지만 잘 되지 않았지요. 시간이 흐르자 구겨진 종이들이 자꾸자꾸 쌓여 갔어요.

"이제 안 해!"

레이먼은 연필을 내려놓았어요. 여동생 마리솔이 그런 레이몬을 지켜보고 있었어요.

"넌 뭐야?"

레이먼은 괜히 심통을 부렸어요.

"오빠 그림 그리는 거 보고 있었어."

레이먼은 코웃음을 쳤어요.

"이제 그림 같은 건 안 그려! 꺼져 버려!"

마리솔은 구겨진 종이를 집어 들고 후다닥 도망쳤어요. (5~10, 11~16쪽)

> 본문 맛보기

세상을 느끼는 대로 그리니 즐겁고 신이 나

▲레이먼은 주위에 펼쳐진 세상을 느끼는 대로 그렸다.

(나)그동안 레이먼이 버린 그림들이 마리솔의 방 벽에 가득 붙어 있었어요.

"내가 제일 좋아하는 그림이야."

마리솔이 그 가운데 하나를 가리키며 말했어요. 레이먼은 꽃병을 그렸는데 꽃병처럼 보이지 않는다고 말했어요. 그러자 마리솔이 큰 소리로 말했어요.

"그래도 꽃병 느낌이 나는 걸."

레이먼은 가까이 다가가서 보았어요. 지금까지와는 전혀 다른 눈으로 다른 그림들도 모두 꼼꼼히 살펴보았지요.

"정말 그렇구나."

레이먼은 느끼는 대로 그리고 싶은 것들이 머리에서 자꾸 샘솟아서 즐겁고 신이 났어요. 조금도 망설이지 않고 손 가는 대로 쓱쓱 다시 그림을 그렸어요. 주위에 펼쳐진 세상을 그리고 또 그렸지요.

느끼는 대로 그리는 건 아주 근사한 일이었어요. 나무 느낌, 집 느낌, 배 느낌, 오후 느낌, 물고기 느낌…. 레이먼은 감정도 그릴 수 있음을 알게 되었어요. 평화로운 느낌, 바보 같은 느낌, 신나는 느낌도 그렸지요. (18~21, 23~27쪽)

생각이 쑤욱

1 (가)에서 레이먼은 왜 그림을 더 이상 그리지 않았나요?

2 실망해서 그림을 더 이상 그리지 않겠다고 말한 레이먼에게 다시 그림을 그릴 수 있도록 격려의 말을 해 주세요.

머리에 쏘옥

격려의 말 해 주기

격려란 다른 사람에게 용기를 주고, 힘이 솟도록 돕는 말입니다.

운동 경기를 하기 전이나 시험을 보기 전에 격려의 말을 하면 더 좋은 결과를 낼 수 있지요.

격려할 때는 결과가 아니라 열심히 노력한 과정을 칭찬해야 합니다. 그래야 실수를 두려워하지 않고, 끊임없이 시도해서 언젠가는 원하는 것을 얻을 수 있답니다.

▲친구에게 위로의 말을 하면 친구가 힘을 얻게 된다.

생각이 쑥욱

3 마리솔은 레이먼의 꽃병 그림에서 어떤 점을 보고 꽃병 느낌이 난다고 말했을까요?

▲레이먼이 그린 꽃병.

머리에 쏘옥

그림에는 자기만의 느낌이 들어가야

느낌이란 무엇을 보거나 체험했을 때, 자신의 마음이 움직이는 것을 말해요. 같은 것을 보거나 들어도 느낌은 사람마다 다르답니다.

자기가 느낀 것을 색깔로 떠올려서 점이나 선으로 그리세요. 그러면 그림을 감상하는 사람들에게 자신의 느낌을 전달할 수 있는 훌륭한 작품이 탄생할 거예요.

4 형 레온에게 레이먼의 그림이 잘못된 것이 아니라고 깨우쳐 주세요.

생각이 쑥

5 아래 그림들은 레이먼이 그린 거예요. 무엇을 표현한 느낌인지 연결하고, 그렇게 생각한 까닭을 말해 보세요.

신나는 느낌   해 느낌   나무 느낌

6 친구들과 함께 운동장에서 뛰놀 때를 상상하며, 그 느낌을 담아 그림을 그려 본 뒤 왜 그렇게 그렸는지 소개하세요.

머리에 쏘옥

피카소가 그린 황소

파블로 피카소(1881~1973)는 스페인에서 태어나 프랑스에서 활동한 화가입니다. 그가 활동하던 때는 보이는 그대로 그린 그림이 인기를 끌었지요.

그런데 피카소는 눈으로 보이는 것을 매우 단순화해서 세모나 네모, 동그라미 등 선으로만 그렸습니다. 피카소의 그림을 보고 사람들은 깜짝 놀랐습니다. 그림이 아주 단순한데도 원래의 느낌을 잘 살렸기 때문이지요.

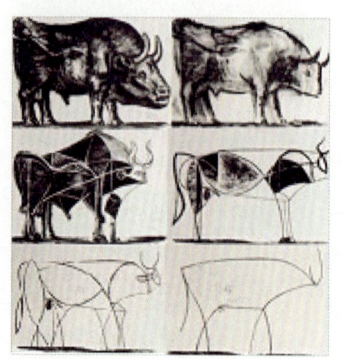

▲피카소가 그린 황소 그림들. 황소를 점점 단순화해서 마지막에는 선으로만 표현했다.

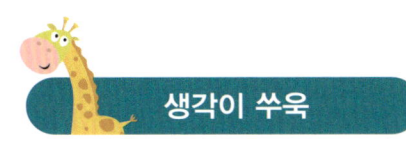
생각이 쑤욱

7 그림을 잘 그리려면 미술학원에만 열심히 다닐 게 아니라, 평소에 책도 읽고 음악도 듣는 등 많은 경험을 해야 하는 까닭을 이야기해 보세요(200~250자).

그림을 잘 그리는 어린이들이 미술학원에 다닌 뒤 오히려 그림에 흥미를 잃는 일이 많다고 한다. 한 초등학생은 그림 그리기를 좋아했지만, 학원에 가서 그림을 배운 뒤 그림이 싫어지고 자신감도 사라졌다고 한다. 그림을 잘 그리려면 체험도 많이 하고 자신만의 느낌에 집중해서 상상력을 키워야 한다.

<신문 기사 참조>

▲학원에서 미술을 공부하는 어린이들.

12 세계 문학
대화하는 가족이 행복해요

『그 녀석 슈라에겐 별별 일이 다 있었지』

파트릭 모디아노 지음, 문학동네 펴냄, 36쪽

 줄거리

슈라는 개입니다. 그런데 음악은 물론 영화와 독서를 좋아하며, 학교에도 다닙니다. 일요일에는 주인인 베르베켄 씨 부부와 드라이브를 즐깁니다. 슈라는 베르베켄 씨 부부가 일하러 나가든, 집에 있든 대부분의 시간을 혼자 보냅니다. 침대에 누워 늘 똑같은 음악을 들으면서요. 그러던 어느 날 베르베켄 씨 부부는 영화를 보고 늦게 들어온 슈라에게 화를 내며 기숙사에 가서 살라고 합니다. 하지만 슈라는 기숙사에 가지 않고, 다른 곳으로 떠나 새로 만난 가족과 행복하게 삽니다.

본문 맛보기

주인 부부는 슈라에게 관심 주지 않아

▲슈라는 베르베켄 씨 부부가 관심을 주지 않기 때문에 대부분의 시간을 혼자 지내야 했다.

(가)우리는 일요일마다, 심지어 비가 올 때도, 남부 고속도로로 드라이브를 나가곤 했습니다. 나는 언제나 뒷좌석에 앉았죠. 멀미가 났지만 감히 주인들에게 말하진 못했습니다. 베르베켄 씨 부부는 도무지 창문을 내릴 생각을 하지 않아 차 안이 너무 더웠습니다. 베르베켄 씨는 경마와 축구 경기의 결과를 알고 싶어 라디오를 아주 크게 틀어놓곤 했지요. 그러면 베르베켄 부인은 남편에게 라디오를 끄라고 성화를 부렸습니다. 그 때문에 부부간에 말다툼이 벌어지곤 했습니다.

내 방은 집과 마찬가지로 최신식이었습니다. 베르베켄 씨와 부인이 비행기를 타고 일하러 나가고 없을 때나 둘이 집 안에서 카드놀이를 하거나 텔레비전을 보고 있을 때면, 나는 혼자 내 방에서 지냈지요. 그럴 때면 나는 베르베켄 씨가 더 이상 사용하지 않는 낡은 전축에 레코드를 한 장 걸어 놓고 침대에 누웠습니다. 나는 그걸 듣다가 잠이 들어 버리곤 했습니다. (4~8쪽)

본문 맛보기

새 가족을 만나 행복하게 지내

(나)베르베켄 씨와 부인은 내가 영화관에서 너무 늦게 돌아왔다고 잔뜩 화가 나 있었습니다. 그분들은 내가 다니는 학교 교장 선생님을 찾아가 나를 기숙사에 넣기로 결정했다고 말했습니다. 나는 몹시 슬펐습니다. 마음을 진정시키고 위안을 얻기 위하여 프랑스의 역사책인 '붉은 무롱'의 모험 이야기를 계속 읽었습니다. 이 책을 지은 사람은 오르치 남작 부인이었지요. 나는 그분에게 편지를 썼고, 오르치 남작 부인은 나를 몬테까를로에 있는 자신의 집으로 초대했습니다. "당신은 그 집에서 불행하게 살았어요. 내가 그분들에게 편지를 써서 당신을 데리고 있겠다고 설명하겠어요."

▲슈라는 베르베켄 씨 부부의 집을 떠나 남작 부인의 집으로 가서 살며 바캉스를 즐길 꿈을 꿨다.

"기분 좋아요, 슈라?"

"아주 끝내줘요, 남작 부인님!"

이제부터 내게는 모든 날들이 변함없이 오늘과 똑같을 것입니다. 나는 영원한 바캉스를 즐기며 살 것입니다. (16~34쪽)

생각이 쏘옥

1 슈라가 드라이브를 싫어한 까닭을 두 가지만 말해 보세요.

2 슈라는 주인이 집에 있든 없든 많은 시간을 혼자 보내야 했는데, 이때 슈라의 기분은 어땠을까요?

3 다른 사람을 때리고 욕하는 것만 학대가 아니라, 무관심도 학대입니다. 다른 학생들이 같은 반 학생에게 무관심한 것도 학대라고 하는 까닭은 무엇인가요?

머리에 쏘옥

무관심도 학대

누군가 나에게 관심을 주지 않는다면 기분이 어떻겠어요. 마음이 무척 답답하고 아플 거예요.

때리고 욕하는 것만 상대를 아프고 힘들게 하는 것은 아닙니다. 함께 살면서도 학교에는 다녀왔는지, 오늘 기분은 어떤지 등을 전혀 묻지도 않고 무관심한 것이 더 힘들 수도 있습니다.

어릴 적에 가족이나 친구들의 관심을 받지 못해 나쁜 길로 빠진 사람들이 많다고 해요.

우리나라의 초등학생 가운데 이처럼 무관심이라는 학대를 당하는 어린이들이 열 명 가운데 세 명이라고 합니다.

▲초등학생 열 명 가운데 세 명은 가족 등 주위의 무관심 때문에 괴로워하고 있다.

생각이 쑥쑥

4 슈라는 왜 아래와 같이 행동했나요?

> 어느 날 슈라는 영화를 보다 집에 늦게 들어왔어요. 화가 난 베르베켄 씨 부부는 슈라에게 기숙사에 가서 살라고 했지요. 이 말을 들은 슈라는 잘못을 빌거나 기회를 달라고 부탁하지 않고 오르치 남작 부인의 집으로 떠났어요.

5 돈이 많지 않아도 행복하게 살 수 있어요. 여러분이 행복하게 살 수 있는 방법을 소개해 주세요.

돈이 없어도 이렇게 하면 행복해요

1. 가족이나 친구들에게 편지를 자주 써서 마음을 나눠요. 그러면 편지를 주고받는 사람 모두 행복하답니다.

2. _____

_____

_____

3. _____

_____

_____

머리에 쏘옥

꼭 돈이 많아야 행복할까

사람들은 돈이 많을수록 행복할 것으로 생각해요. 여행도 마음껏 하고, 사고 싶은 물건도 살 수 있으니까요.

하지만 돈으로 얻을 수 있는 행복은 오래가지 못한답니다.

예를 들면 부모님께서 내가 갖고 싶었던 물건을 모두 사 주신다면 기분이 어떨까요? 그때는 기쁘지만 시간이 지나면 기쁨이 사라집니다. 이처럼 갖고 싶은 것을 모두 갖는다고 행복해지는 건 아니랍니다.

돈이 없다고 불행한 것도 아니에요. 작은 것 하나도 다른 사람들과 나눠 먹고, 내가 가진 것을 필요한 사람들에게 줄 수 있다면, 큰 행복을 느낄 수 있지요.

그래서 남에게 베풀며 사는 사람들은 행복하다고 합니다.

▲노래를 부르거나 악기를 연주하는 등 자기가 가진 재능으로도 기부할 수 있다.

6 아래 그림은 마음의 상처를 낫게 하는 요술 거울이에요. 슈라처럼 가족 또는 친구들의 무관심 때문에 마음의 상처를 받았던 일은 없나요? 있다면 언제 누구에게 어떻게 상처를 받았는지 적고, 상처를 낫게 해 달라고 요술 거울에게 빌어 봐요.

☞그런 상처가 없다면 내가 한 말이나 행동 때문에 마음이 다친 친구들의 상처를 낫게 해 달라고 소원을 말해 보세요.

생각이 쑤욱

7 주인공 슈라는 개이지만 실제로는 여러분일 수도 있어요. 슈라가 집을 나온 건 가족들끼리 대화가 없었기 때문이지요. 베르베켄 씨 부부는 슈라가 원하는 것을 모른 채 자기네가 원하는 대로만 했으니까요. 아래 기사를 참고해 가족들끼리 대화를 늘릴 수 있는 아이디어를 말해 보세요(200~250자).

우리나라 초등학생 두 명 가운데 한 명은 가족과 대화하는 시간이 하루에 한 시간도 안 되는 것으로 밝혀졌다. 한 연구소가 초등학생 2만 2819명을 대상으로 '초등학생이 느끼는 가족 간 대화'를 조사한 결과다. 가족과 대화 시간이 하루 10분도 안 되는 학생은 16퍼센트(100명 가운데 16명), 전혀 대화가 없는 학생은 7퍼센트에 이르렀다. 전체적으로 많은 어린이들이 가족과 대화 시간이 부족한 것으로 나타났다.

▲가족과 함께 집에 있어도 스마트폰 때문에 대화가 부족한 경우가 많다.

<신문 기사 참조>

초등학생 문해독서 초급 1호 답안과 풀이

01. 『강아지똥』

♣ 10쪽

1. 예시 답안

　생명을 살리는 것이 자신이 해야 할 일인데, 자신의 잘못 때문에 아기 고추를 죽게 만들었다고 생각했기 때문이다.

2. 예시 답안

▸ 행복이는 친구가 많아 언제나 심심하지 않을 것 같아 부럽다.

▸ 행운이는 발표를 잘해서 별점을 많이 받을 것 같아 부럽다.

▸ 나는 공부를 못하는데 행식이는 공부를 잘해 칭찬을 많이 받아 부럽다.

♣ 11쪽

3. 예시 답안

　강아지똥아, 흙덩이가 한 말 때문에 속상하지? 흙덩이는 세상의 모든 것이 나름대로 소중하다는 걸 몰라서 너를 속상하게 만들었어. 다른 것도 소중하지만 너도 소중해. 남에게 자기가 소중하게 보이려면 스스로를 사랑해야 한단다.

4. 예시 답안

▸ 선생님께 칭찬을 들었을 때이다.

▸ 친구가 보고 싶었다고 말해 주었을 때이다.

▸ 엄마가 '너는 소중한 보물'이라고 말해 줄 때이다.

♣ 12쪽

5. 예시 답안

▸ 나는 말을 잘한다. 친구가 다른 아이에게 놀림을 당할 때 그 아이에게 놀리지 말라고 따끔하게 혼을 낸 적이 있다.

▸ 나는 이를 잘 닦아 충치가 없다. 동생에게 이를 잘 닦는 방법을 알려 주었다.

▸ 나는 자전거를 잘 탄다. 친구에게 자전거 타는 방법을 가르쳐 주었다.

6. 예시 답안(그림 생략)

▸ 화분으로 쓴다.

▸ 연필꽂이로 사용한다.

▸ 초를 만드는 데 사용한다.

♣ 13쪽

7. 예시 답안

▸ 남과 나를 비교하지 않는다. 나보다 뛰어난 사람과 비교하면, 나를 실제보다 낮추어 보기 때문이다.

▸ 나는 다른 사람에게 사랑을 받는 사람이라고 생각한다. 이렇게 생각하면 마음의 구김살이 없어 늘 여유 있게 행동하기 때문이다.

▸ 있는 그대로 나의 모습을 인정한다. 내가 잘하는 것, 못하는 것에 관계없이 있는 그대로 인정하면 자신을 쓸데없이 낮추어 보지 않고 다른 사람을 사랑하는 마음이 생기기 때문이다.

▸ 나의 생각이나 느낌을 다른 사람에게 잘 표현한다. 이렇게 되면 늘 자신감이 넘쳐서 당당해 보이기 때문이다.

▸ 남의 눈치를 보지 않는다. 남의 눈치를 보면 하고 싶은 말을 하지 못하고, 꼭 해야 할 일도 하지 못하기 때문이다.

▸ 나는 무슨 일이든 잘할 수 있다고 생각한다. 어려운 일이 닥쳐도 자신의 능력을 발휘하며 맞서 나갈 수 있기 때문이다.

02. 『개구쟁이 수달은 무얼 하며 놀까요?』

♣ 18쪽

1. 예시 답안

　다슬기는 돌에 붙은 이끼나 물벼룩을 먹고 살아요. 또 물고기가 먹다 남은 찌꺼기와 똥, 사체 등을 먹고 살아서 다슬기가 사라지면 물이 더러워집니다. 따라서 다슬기를 함부로 잡으면 안 됩니다.

2. 예시 답안

▸ 거미가 거미줄을 치면 날씨가 맑을 거라고 생각했다. 거미줄은 비를 맞으면 망가지므로 비가 올 것 같으면 줄을 치지 않기 때문이다.

▸ 지렁이가 땅 위로 올라오면 비가 올 거라고 짐작했다. 지렁이는 살갗으로 숨을 쉬는데, 땅에 물이 차면 숨을 쉬지 못하므로 비가 올 것 같으면 땅 위로 올라오기 때문이다.

▸ 제비가 낮게 날면, 비가 올 거라고 예상했다. 제비는 곤충을 먹고 사는데, 곤충은 비가 올 무렵이면 날개가 습기에 젖어서 무거워지다 보니 땅 가까이 날게 된다. 따라서 이를 먹고 사는 제비도 곤충을 잡아먹기 위해 낮게 날기 때문이다.

103

초등학생 문해독서 초급 1호 답안과 풀이

♣ 19쪽

3. 예시 답안

  수달은 강이나 하천으로 드나들기 쉽게 물가의 바위틈이나 나무뿌리 밑의 구멍에 집을 짓고 살아요. 강이나 냇가의 둑을 시멘트로 발라서 막거나 나무를 없애면 수달이 드나드는 구멍을 낼 수 없어 수달이 살 수 없답니다.

4. 예시 답안

  이끼는 식물이 없는 땅에서 맨 먼저 자란다. 이끼가 자라기 시작하면 흙이 건강해져서, 풀과 나무가 뿌리를 내릴 수 있다. 작은 곤충도 이끼를 먹고 살기 때문에 몰려 와서 보금자리를 마련한다.

♣ 20쪽

5. 예시 답안

- ▶ 드론은 사람이 다니기에 위험한 곳을 구석구석 돌아다니며 버려진 쓰레기를 찾아낼 수 있다.
- ▶ 산불이 난 곳을 정확히 찾아서 불을 끌 수 있도록 돕는다.
- ▶ 동물을 함부로 잡거나 식물을 뽑아 가는 사람을 감시할 수 있다.
- ▶ 나무가 병에 걸렸는지 알 수 있어서 병이 퍼지지 않게 막을 수 있다.

6. 예시 답안

- ▶ 나뭇잎 한 장을 오려서 섞은 뒤 다시 하나로 맞추는 나뭇잎 퍼즐 놀이를 할 수 있다.
- ▶ 나뭇잎으로 가면을 만들어 쓴 뒤 숲속을 돌아다니면서 관찰할 수 있다.
- ▶ 나뭇잎으로 배를 만들어 돌멩이를 얹어 띄우고, 누가 오래 버티나 내기를 할 수 있다.
- ▶ 친구들과 번갈아 눈을 가리고 나무껍질을 만진 뒤, 어떤 나무를 만졌는지 맞히는 놀이를 할 수 있다.

♣ 21쪽

7. 예시 답안

  자연이 파괴되면 동물과 식물은 물론이고 사람도 살 수 없다. 따라서 자연을 보호해야 한다. 자연을 보호하려면 쓰레기를 함부로 버리면 안 된다. 물고기나 수달 등이 헤엄을 치다가 걸려서 다칠 수 있다. 그리고 동물이 먹이로 착각해서 먹었다가 병들어 죽을 수 있다. 숲에 갔을 때 꽃과 열매를 예쁘거나 맛있다고 함부로 따서 집으로 가져와도 안 된다. 식물이 자손을 퍼뜨리지 못하고, 야생 동물의 먹이가 부족해진다.

03. 『동물 권리 선언 돼지도 누릴 권리가 있어』

♣ 26쪽

1. 예시 답안

  화장품이 안전한지 실험하기 위해 토끼의 눈에 화장품(마스카라)을 바르는 실험을 했기 때문이다. 마스카라는 사람의 속눈썹에 바르는 화장품이다. 그런데 새로운 마스카라를 만들 때 사람의 눈에 나쁜지 확인할 필요가 있다. 그런데 사람을 대상으로 실험할 수 없기 때문에 토끼 눈에 집어넣어 실험하므로 토끼의 눈에서 피고름이 난다.

2. 예시 답안

  비좁은 닭장에서 사는 닭들이 서로 쪼는 것을 막기 위해 부리를 잘랐다. 닭은 원래 잘 쪼는 습성이 있는데, 닭장이 좁은 탓에 스트레스를 받아 서로 마구 쪼아대기 때문에 다른 닭의 몸에 상처를 낸다.

♣ 27쪽

3. 예시 답안

- ▶ 새끼를 낳으면 자기가 키우지 못하고 사람에게 빼앗겨 스트레스가 심하다.
- ▶ 강아지를 낳고 바로 새끼를 또 배서 건강이 좋지 않다.
- ▶ 똥과 오줌이 가득 찬 곳에서 갇혀 살다 보니 병에 걸리기 쉽다.

4. 예시 답안

  사람들이 돈벌이를 위해 좁은 우리에 많은 돼지를 가둬 길러 감염병에 걸려 죽었기 때문이다. 돼지는 넓은 곳에서 자유롭게 뛰놀기를 좋아한다. 그런데 좁은 곳에서 한꺼번에 많이 키우면 운동을 하지 못해 스트레스를 받는다. 병에 견디는 면역력도 약해져 구제역 등의 감염병에도 쉽게 걸린다.

♣ 28쪽

5. 예시 답안

  '진짜 농장'은 가축들이 넓은 곳에서 자유롭게 뛰놀고 서로 어울려서 사는 농장을 말해요. '진짜 농장'에 간 토끼와 돼지들은 더 이상 갇혀 지내지 않아도 되었어요. 넓은 곳에서 친구들과 마음대로 오가며 놀 수 있었지요. 스트레스를 받지 않으니 친구들과 사이좋게 지냈어요. 그래서 병에 잘 걸리지도 않았지요. 병에 걸리더라도 돌아다니면서 병을 고칠 수 있는 풀을 찾아 먹었기 때문에 저절로 나았어요.

6. 예시 답안

동물도 존중받을 권리가 있는 생명체이다. 동물은 자기 습성대로 살면서 행복하게 살 권리가 있다. 닭은 흙 목욕을 할 수 있도록 해야 몸에 붙은 기생충을 털어 낼 수 있다. '동물복지' 마크가 붙은 제품은 가축이 자기 습성대로 살 수 있도록 나라에서 정한 대로 키웠음을 나타낸다. 사람들이 '동물복지' 마크가 붙은 고기나 우유, 계란을 더 많이 사서 먹으면 가축을 기르는 사람들도 동물의 습성에 맞춰 키울 것이다.

♣29쪽

7. 예시 답안

화장품을 만들 때 동물 실험을 하지 말아 주세요. 동물도 존중을 받아야 할 권리가 있는 생명체입니다. 세계 여러 나라에서 동물 실험이 금지되면서 동물 실험을 대신할 방법이 많이 나와 있습니다. 화장품이 사람에게 안전한지 확인하려면 인공 피부에 발라서 실험할 수 있어요. 컴퓨터로 실험을 해서 위험한지도 미리 알 수 있습니다. 동물 실험을 대신할 방법이 많이 있는데, 굳이 동물에게 고통을 주는 실험은 옳지 못합니다.

04. 『구석구석 숨어 있는 전통 문화를 찾아라!』

♣34쪽

1. 예시 답안

장을 조미료로 사용했기 때문이다. 같은 음식이라도 장을 넣으면 맛이 더 좋아진다. 그래서 음식을 만들 때 소금 외에도 장을 써서 간을 맞추었다. 그리고 고기와 생선이 귀해서 잘 먹지 못했으므로, 음식에 장을 넣어 먹었다. 장에 든 영양소와 고기나 생선에 든 영양소가 비슷하다.

2. 예시 답안

채소나 음식을 오래 저장할 수 있다. 항아리는 흙으로 만들어서 작은 구멍이 나 있어서, 공기가 잘 통하기 때문에 음식이 쉽게 상하지 않는다. 오히려 발효가 되어 맛과 영양이 더 좋아진다. 환경 오염이 적다는 장점도 있다. 항아리는 깨져서 못쓰게 되어도 잘게 부수면 흙으로 돌아간다.

♣35쪽

3. 예시 답안

▶ 작고 가벼워서 가지고 다니기에 편하다.

▶ 전기 에너지가 필요 없이 손으로 부치기 때문에 에너지를 절약할 수 있다.

▶ 부채는 종이, 천, 나무처럼 잘 썩는 재료로 만들기 때문에 환경을 오염시키지 않는다.

4. 예시 답안

탈놀이가 끝난 뒤 양반에게 벌을 받았을 것이다. 탈놀이는 양반과 관리 등 신분이 높은 사람들을 비웃는 내용이 많았는데, 탈놀이꾼은 신분이 낮았다. 따라서 탈을 쓰지 않고 탈놀이를 하면 나중에 신분이 높은 사람들에게 보복을 당했을 것이다.

♣36쪽

5. 예시 답안

쥐불놀이는 농작물에 피해를 주는 쥐를 쫓고 해충의 알을 태우기 위해 시작했다. 쥐불놀이를 하려면 끈을 단 빈 깡통에 구멍을 뚫고, 그 안에 불붙인 솔방울을 넣어야 한다. 그런 뒤 통을 빙빙 돌리면서 뛰어다닌다. 이때 불똥이 튀어 화재가 나지 않도록 조심해야 한다.

6. 예시 답안

제기차기	딱지치기	윷놀이
추워서 집에만 있고 싶은 겨울에 밖에 나가 제기를 차면 체력이 강해진다. 몸의 중심을 잡는 능력도 키울 수 있다.	딱지를 접다 보면 손의 근육이 발달하고, 집중력이 높아진다. 팔의 힘도 세어진다.	함께 작전을 짜다 보면 친구를 사귀는 힘이 길러진다. 짧은 시간에 현명한 판단을 내리는 능력도 키울 수 있다.

초등학생 문해독서 초급 1호 답안과 풀이

♣37쪽

7. 예시 답안

　살이 찌지 않으려면 전통 음식을 자주 먹고 밖으로 나가 전통 놀이를 해야 합니다. 초등학생 다섯 명 가운데 한 명은 비만입니다. 어려서 몸무게가 많이 나가면 병에 걸리기 쉽습니다. 살이 찌지 않으려면, 영양소가 골고루 든 음식을 자주 먹고, 날마다 운동을 해야 합니다. 전통 음식은 패스트푸드와 달리 영양소가 골고루 들어 있습니다. 딱지치기나 제기차기 등 전통 놀이를 하다 보면 재미도 있고 운동을 많이 해서 건강해집니다.

05. 『슈퍼 거북』

♣42쪽

1. 예시 답안

　슈퍼 거북이 유명해졌고, 온 도시에 슈퍼 거북 바람이 부는 바람에 너도나도 꾸물이 흉내를 냈다.

2. 예시 답안

　꾸물이는 경주에서 토끼를 어쩌다 이겼지만 달리기를 좋아하지 않는다. 그런데도 다른 동물들의 기대에 맞추어 계속 달리기 연습을 하다 보니 지치고 스트레스를 받아 자기 모습이 늙어 보인 것이다.

♣43쪽

3. 예시 답안

　토끼와 경주에서 이번에도 이기면 좋아하지도 않는 달리기를 계속하며 살아야겠지. 그러느니 경주에 져서 이제부터는 내가 원하는 것을 하며 살아야겠어!

4. 예시 답안

억지로 한 일	태권도
날짜	8월 20일 월요일
하게 된 이유	친구들이 많이 한다고 엄마가 시켜서 하게 됐다.
하고 난 뒤의 느낌이나 생각	집에 빨리 가고만 싶고, 더 피곤한 느낌이다.
다짐	엄마에게 태권도는 싫고, 미술을 배우고 싶다고 솔직히 말해야겠다.

♣44쪽

5. 예시 답안

　리마는 마라톤이 좋아서 달렸기 때문에 반드시 1등을 목표로 삼지는 않았을 것이다. 따라서 금메달을 따지는 못했지만 중간에 포기하지 않고 끝까지 달렸다는 기쁨이 더 컸을 것이다.

6. 예시 답안

　나는 요리사가 되고 싶다. 일주일에 한 번은 가족들과 함께 먹을 간식을 직접 만들고, 음식을 만든 과정과 가족이 맛보고 난 뒤의 평가를 자세히 적을 것이다. 따라서 지금부터는 시간이 나는 대로 요리에 관련된 책을 많이 읽고, 외국의 음식과 한국의 음식도 공부해야 한다.

♣45쪽

7. 예시 답안

　자신이 하고 싶어서가 아니라 부모님이 원하는 대로 사는 어린이가 적지 않다. 내가 좋아하는 일을 하면 실패를 하더라도 다시 잘하려고 열심히 노력하며, 결과보다 과정 자체를 즐겁게 생각한다. 하지만 다른 사람들이 바라는 대로 살 경우 결과가 좋아도 꾸물이처럼 모든 걸 억지로 하게 되어 행복하지 않다. 그리고 과정도 즐겁지 않고, 실패할까 봐 늘 불안하다. 공부 의욕도 생기지 않아 학교 생활이 즐겁지 않고, 친구들과의 관계도 나빠질 수 있다.

06. 『만복이네 떡집』

♣50쪽

1. 예시 답안

▸ 만복이가 친구들에게 나쁜 말을 자주 하기 때문이다.
▸ 만복이가 친구들과 자주 싸우기 때문이다.
▸ 만복이가 제멋대로 행동하기 때문이다.

2. 예시 답안

▸ 자기도 모르게 나온 말이라서 말해 놓고도 속상했을 것이다.
▸ 친구들이 놀아 주지 않아 눈물이 났을 것이다.

♣51쪽

3. 예시 답안

초등학생 문해독서 초급 1호 답안과 풀이

- 친구야, 힘 내. 조금만 노력하면 더 잘할 수 있어!
- 누구나 실수할 수 있어. 다음에 잘하면 되지!

4. 예시 답안
- 수업 시간에 장난을 심하게 치지 못하게 하는 찹쌀떡.
- 친구와 잘 싸우지 못하게 해 주는 가래떡.

♣52쪽
5. 예시 답안
- 내 친구 윤수는 그림을 잘 그립니다. 특히 사람의 웃는 얼굴과 우는 얼굴을 잘 그리지요. 윤수는 평소에 관찰을 잘합니다. 땅에 있는 벌레도 잘 보고, 친구들의 특징도 잘 압니다. 그래서 윤수는 그림을 잘 그리는 것 같습니다.
- 엄마는 음식을 잘 만드십니다. 제가 좋아하는 달콤한 닭강정도 꿀맛이고, 매운 떡볶이도 맛있습니다. 엄마는 음식을 만드실 때 정성을 다하시기 때문에 엄마가 만드시는 음식은 모두 맛있는 것 같습니다.

6. 예시 답안
- 송편 : 걸음이 느리신 할머니를 배려해서 먼저 가지 않고 엘리베이터에서 기다렸다/밤에 시끄럽게 떠들지 않았다 등.
- 시루떡 : 미술 시간에 색연필을 안 가져온 친구에게 색연필을 빌려줬다/다리를 다친 친구의 짐을 대신 들어줬다/물을 엎질러 당황한 친구를 위해 물걸레질을 해 줬다 등.
- 경단 : 친구가 말하는데 말을 끊지 않고 끝난 뒤 이야기했다/부모님께 존댓말을 썼다/어른들께 말대답을 하지 않았다/핑계를 대는 말을 하지 않았다 등.

♣53쪽
7. 예시 답안
- 지은이는 명수에게 책을 빌렸습니다. 명수가 지은에게 책을 돌려 달라고 하자, 지은이는 미안해하는 표정도 없이 책을 가져오지 않았다고 합니다. 명수는 지은이가 말하는 태도 때문에 화가 났습니다. 지은이는 남의 물건을 빌려 가고도 빨리 돌려주지 않은 것을 반성하지 않은 것입니다. 지은이가 명수에게 미안하다고 했다면 명수는 기분이 나쁘지 않았을 것입니다.
- "명수야, 미안해. 다음부터는 물건을 빌리면 빨리 돌려줄게."

07. 『꼴찌라도 괜찮아!』

♣58쪽
1. 예시 답안
운동에 자신이 없기 때문에 긴장되고 걱정이 생겨서 기분이 불편하고 우울했을 것이다. 친구들이 자신을 이해해 주지 못할 것 같아 외롭고 화가 나기도 했을 것이다.

2. 예시 답안
모든 학생들에게 참가의 기회를 주기 위해서다. 운동회는 이기는 것이 중요한 게 아니라 협동심을 기르고, 함께 즐기는 것이 중요하다. 따라서 선생님은 운동회에 누구나 한 경기씩 나가야 한다고 생각했다. 잘하는 아이만 뽑는다면 한 경기도 나가지 못하는 학생들이 생길 수 있다. 그러나 제비뽑기를 하면 모든 학생에게 참가할 기회가 돌아간다.

♣59쪽
3. 예시 답안

응원을 받기 전 모습	응원을 받은 뒤 모습
이를 악물고 뛰어도 점점 뒤처지기만 해서 포기하고 싶은 마음이 생긴다.	친구들이 응원을 하자 처음엔 어리둥절했지만 힘을 내서 끝까지 최선을 다했다.
응원의 힘	
응원은 선수들이 긴장을 푸는 데 도움을 주고, 더 열심히 뛰게 하는 효과가 있다. 또 같은 팀을 단결하게 만든다.	

4. 예시 답안
반 아이들은 질 것을 알면서도 끝까지 열심히 달리는 기찬이를 보고, 함께 응원하고 싶었다.

♣60쪽
5. 예시 답안
선수들이 지더라도 화를 내면 안 돼. 이기는 것보다 끝까지 최선을 다하는 게 중요하기 때문이야. 지더라도 응원을 받으면 선수들이 자신감이 생겨서 다음에 더 잘할 수 있단다. 응원은 같은 팀끼리 의견을 모아 노래를 부르거나 춤을 추거나 손뼉을 치는 등 여러 가지 방법으로 할 수 있단다.

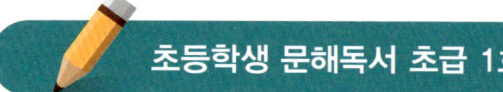

6. 예시 답안

※상장에는 언제 어떤 행동을 해서 어떤 도움을 주었는지가 드러나야 한다.

▶ (책임감짱)상 : 경기에 지고 있을 때 포기하지 않고 끝까지 경기를 해서 최선을 다하는 모습을 보여 주었기 때문에 이 상장을 드립니다.

▶ (이해심넘쳐)상 : 배탈이 나서 빠진 선수 때문에 졌을 때 화를 내지 않고 괜찮다고 위로의 말을 해서 이해심이 넘치는 모습을 보여 주었기 때문에 이 상장을 드립니다.

♣61쪽

7. 예시 답안

운동회에서는 이기는 방법을 배우는 것이 아니라 지더라도 끝까지 최선을 다하는 정신을 배울 수 있다. 친구와 협동하는 방법을 배우고, 친구를 배려하는 마음과 인내심을 키울 수도 있다. 따라서 선수와 응원단은 지더라도 끝까지 최선을 다해야 한다. 운동회는 1등을 하거나 좋은 기록을 내는 것이 아니라 모두가 한마음으로 최선을 다하는 것이 중요하기 때문이다. 또 응원은 팀을 단결하게 만들고, 선수들이 더 열심히 뛰게 만드는 효과가 있다.

08. 『걱정 상자』

♣66쪽

1. 예시 답안

▶ '걱정도 팔자.'라는 속담을 알려 주겠다. 하지 않아도 될 걱정을 자꾸 하지 말고, 쓸데없이 남의 일에 참견하지도 말라는 뜻이다.

▶ '기쁨은 나누면 배가 되고, 슬픔은 나누면 반이 된다.'는 속담을 알려 주겠다. 기쁜 일을 이야기하면 축하를 받고 함께 기뻐해 주어 기쁨이 커지고, 슬픈 일을 말하면 함께 슬퍼해 주기 때문에 위로가 되어 슬픔이 줄어든다는 뜻이다.

2. 예시 답안

눈앞에 놓인 걱정 상자는 커 보이지만, 새총으로 쏘아 멀리 날아간 걱정 상자는 작아 보이기 때문이다. 나의 걱정을 한 발짝 떨어져 바라보면 아무 일도 아닌 것처럼 느껴진다.

♣67쪽

3. 예시 답안

▶ 선생님께 친구가 나를 못 본 척하고 지나쳐서 속상하다고 털어놓을 것이다. 선생님은 나보다 경험이 많으셔서 현명한 방법을 알려 주실 것 같기 때문이다.

▶ 친구에게 왜 나를 못 본 척하고 지나쳤느냐고 물어 볼 것이다. 친구와 화해하거나 오해를 풀 수 있기 때문이다. 친구가 진짜로 못 보고 지나쳤는데, 내가 오해했을 수도 있다. 나에게 섭섭한 일이 있어서 그랬을 수도 있다.

4. 예시 답안

걱정거리가 생긴 이유를 생각하면 미리 대비할 수도 있고, 해결 방법을 찾을 수도 있다. 지난주 토요일에 친구들과 공원에 놀러 갔는데, 음식물 쓰레기가 곳곳에 버려진 것을 보고, 쓰레기가 점점 쌓여 악취가 날까 봐 걱정되었다. 다음 날 친구들과 쓰레기를 주우니 마음이 편해졌다. 다음부터 걱정이 생기면 해결할 수 있는 방법을 찾아 볼 것이다.

♣68쪽

5. 예시 답안

어머니에게 반대로 생각하면 걱정할 일이 없다고 말해 주겠다. 비가 오면 우산이 잘 팔리고, 날씨가 좋으면 짚신이 잘 팔리기 때문이다.

6. 예시 답안

사진을 참고해 도화지, 천 조각, 털실 등을 이용해 걱정 인형을 만들 수 있다. 도화지는 인형의 얼굴과 몸통이 되는 부분이다. 가로 6센티미터, 세로 30센티미터로 자른다. 천 조각으로 머리 부분을 장식하고, 털실로 몸통 부분을 칭칭 감는다.

♣69쪽

7. 예시 답안

걱정거리	해결 방법
달리기 시합을 하는데, 꼴찌를 할까 걱정된다.	연습이 필요하다. 연습을 하면 실력이 늘기 때문이다. 그러니 매일 10분씩 달리기를 연습할 것이다.
친구와 화해하고 싶은데, 말을 걸었다가 거절당할까 봐 걱정이다.	용기가 필요하다. 나도 친구가 먼저 사과를 하면, 금세 마음이 풀리고 고마울 것 같다. 그러니 용기를 내 화해를 청해 보겠다.

초등학생 문해독서 초급 1호 답안과 풀이

주말에 친구들과 축구를 하기로 했는데, 비가 올까 봐 걱정이다.	다른 방법을 찾는다. 비가 오면 실내에서 할 수 있는 놀이를 미리 생각해 두면 된다. 보드 게임을 하거나 실내 놀이터에 가서 놀 수도 있다.

09. 『고양이 별』

♣74쪽

1. 예시 답안

꼬미는 아파트 지하실에서 태어났고, 코코 아저씨는 주인이 기르다가 싫증이 나서 내다 버렸다. 사람과 함께 살지 않기 때문에 길고양이가 되어 아파트 지하실에서 살게 되었다.

2. 예시 답안

▸ 길고양이가 쓰레기봉투를 헤집어 놓아 지저분해서.
▸ 울음소리가 시끄러워서.
▸ 감염병을 옮길까 봐 겁이 나서.

♣75쪽

3. 예시 답안

길고양이가 모두 사라지면 쥐가 많이 늘어나 사람에게 해를 끼칠 것이다. 길고양이는 음식물 쓰레기도 먹지만 쥐도 잡아먹는다. 그리고 쥐는 고양이의 배설물 냄새만 맡아도 피한다.

4. 예시 답안

나도 사람들처럼 감정이 있고 고통을 느낀다. 남에게 고통을 주는 것은 옳지 못하잖아. 자기 기분에 따라 때리거나 위협을 하는 일은 고통을 주는 거야. 그러니까 나 같은 길고양이를 괴롭히지 말아 줘. 또 사람들에 폭력을 가하는 일을 막기 위해서라도 길고양이를 괴롭히지 말아야 해. 동물을 학대하면 나중에 자기보다 약한 사람에게도 쉽게 폭력을 가할 수 있으니까 말이야.

♣76쪽

5. 예시 답안

길고양이에게 밥을 챙겨 주는 일은 굶주린 생명을 구하려는 행동이다. 많은 사람이 길고양이의 굶주림을 외면할 수 없어 먹을거리를 챙겨 준다. 길고양이에게 밥을 주는 행위는 겨울철새에게 먹이를 주거나 산속 동물에게 먹이를 공급하는 것과 마찬가지다. 길고양이에게 밥을 챙겨 주는 일이 자기 마음에 들지 않을 수는 있다. 하지만 나와 생각이 다르다고 해서 그 사람을 나쁘다고 욕하거나 몰아붙이면 안 된다. 생각이 다른 사람이 차이를 존중하며 함께 어울려 사는 사회가 좋은 사회다. 생각이 다르면 서로 이야기를 나눠서 차이를 좁히려고 노력해야 한다. 상대방을 비난하거나 욕해서는 안 된다.

6. 예시 답안

▸ 나는 길고양이를 잡아다 중성화수술을 한 뒤 풀어 주는 일에 찬성한다. 길고양이가 중성화수술을 하면, 더 이상 새끼를 낳지 못하니까 자연히 수가 줄어서 사람들과 부딪치는 일이 사라질 것이기 때문이다.

▸ 나는 길고양이를 잡아다 중성화수술을 한 뒤 풀어 주는 일에 반대한다. 길고양이도 새끼를 낳을 권리가 있는데, 중성화수술을 하면 더 이상 새끼를 낳지 못하기 때문이다. 사람들이 자신의 목적에 따라 강제로 새끼를 낳지 못하게 하는 것은 동물 학대다.

♣77쪽

7. 예시 답안

길고양이도 원래 집고양이처럼 사람과 함께 살았다. 그런데 건물과 도로가 들어서면서 사람들에게 쫓겨나 터전을 잃었다. 또 집에서 기르다가 버려지거나 길을 잃어서 길고양이가 되기도 한다. 나는 길고양이와 사람이 함께 살 수 있게 고양이 쉼터를 만들고 먹을거리를 챙겨 줄 것이다. 그러면 더 이상 거리를 돌아다니며 음식물 쓰레기를 헤집어 거리를 더럽히지 않을 것이기 때문이다. 짝을 찾느라 밤새 울며 돌아다니지 않을 것이다.

10. 『사라, 버스를 타다』

♣82쪽

1. 예시 답안

기자 : 사라 양은 흑인이면서도 왜 금지된 버스 앞자리로 가서 앉았나요?
사라 : 백인들만 앉는 자리가 얼마나 특별한지 알고 싶어서요.
기자 : 운전사가 뒷자리로 가라고 했는데도 왜 말을 듣지 않았죠?

초등학생 문해독서 초급 1호 답안과 풀이

> 사라 : 앞자리에 앉은 일이 잘못된 일이라고 생각하지 않아서요.
> 기자 : 사라 양은 앞으로 자신이 어떻게 될 것으로 생각하세요?
> 사라 : 잘못이 없으니 곧 풀려날 것이라고 생각해요.

2. 예시 답안
▶ 미국의 농장 주인들이 아프리카의 흑인을 노예로 데려왔기 때문이다.
▶ 흑인은 가난하고 야만적이라는 생각이 이어져 왔기 때문이다.
▶ 백인들이 누리는 특권을 계속 지키기 위해서다.

♣83쪽

3. 예시 답안
▶ 흑인이 차별을 받는 것을 당연하게 여겼고, 그것을 법으로 정해 놓았기 때문이다.
▶ 차별이 옳지 못하다고 느껴도 법을 어기고 벌을 받을 것이 두려웠기 때문이다.
▶ 차별에 맞서 싸워도 세상이 달라질 것이라고 믿지 않았기 때문이다.

4. 예시 답안
▶ 사라의 용기 있는 행동에 힘을 얻어 차별에 맞서겠다고 용기를 냈기 때문이다.
▶ 더 이상 차별을 받기 싫다는 의지를 표현하기 위해서다.
▶ 흑인도 백인과 같은 인간이므로 같은 대우를 받아야 한다고 믿었기 때문이다.
▶ 흑인도 백인처럼 버스의 어느 자리든 자유롭게 앉을 권리가 있다고 여겼기 때문이다.

♣84쪽

5. 예시 답안
▶ 흑인도 버스의 앞자리에 앉을 수 있었을 것이다.
▶ 버스뿐만 아니라 학교와 식당 등 다른 곳에서도 차별이 없어졌을 것이다.
▶ 인종 차별을 당연하게 여기던 사회 분위기가 바뀌었을 것이다.
▶ 흑인을 얕잡아보는 사람들이 비난을 받았을 것이다.
▶ 흑인들도 열심히 공부하고 일하면 좋은 평가를 받고 부자가 되었을 것이다.

6. 예시 답안

♣85쪽

7. 예시 답안
나는 외국에서 우리나라로 이사 온 어린이와 친구가 되어 사이좋게 지내겠다. 또 우리말을 가르쳐 줄 것이다. 이들은 다른 나라에서 왔기 때문에 우리말이 서툴다. 그러므로 같이 책을 읽거나 끝말잇기 등 게임을 하면서 우리말을 자연스럽게 배우도록 돕겠다. 그리고 남들과 다른 외모 때문에 풀이 죽어 있을 친구가 자신감을 가질 수 있도록 돕겠다. 남들과 좀 다르게 생긴 것은 장점이 될 수 있다고 칭찬해 줄 것이다.

11. 『느끼는 대로』

♣90쪽

1. 예시 답안
눈에 보이는 대로 똑같이 그리려고 애를 썼지만 잘되지 않았기 때문이다.

2. 예시 답안
레이먼, 지금 당장 원하는 대로 그림이 그려지지 않는다고 해서 실패한 게 아니야. 너는 지금까지 열심히 노력했어. 앞으로 조금만 더 노력하다 보면 실력이 좋아질 거야. 포기하지 말고 최선을 다해서 열심히 그려 봐.

♣91쪽

3. 예시 답안
꽃병과 똑같이 그리지는 않았지만 꽃병의 특징을 느낀 대로 그렸다는 점을 보고 꽃병의 느낌이 난다고 말했다.

초등학생 문해독서 초급 1호 답안과 풀이

4. 예시 답안

모든 사람이 보이는 대로 똑같이 그림을 그린다고 생각해 봐. 세상의 그림들이 얼마나 지루해지겠니. 그림에는 자기만의 느낌이 들어가야 해. 레이먼처럼 자신의 느낌을 살려서 그리는 그림이 훌륭한 그림이란다. 어떤 대상에서 네가 느낀 것을 색깔로 떠올려 점이나 선으로 그려 보렴. 그러면 사람들에게 자신의 느낌을 전달할 수 있는 훌륭한 그림이 될 거야.

♣92쪽

5. 예시 답안

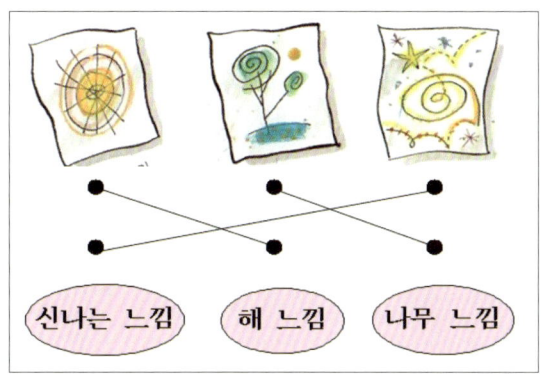

▶ 해 느낌 : 둥근 해의 모습을 원으로 표현했고, 따뜻함을 표현하려고 노란색을 사용했다.

▶ 나무 느낌 : 나무가 우뚝 솟은 모습을 표현하려고 선을 힘차게 그렸다. 노란색 동그라미는 해를 표현했다.

▶ 신나는 느낌 : 별이 신나서 통통 튀어 다니는 모습을 표현했다.

6. 예시 답안

운동장에서 친구들과 함께 뛰놀 때는 내 마음속에서 폭죽이 터지는 것 같다. 즐거운 마음을 초록색과 주황색으로 표현했고, 폭죽이 터지는 모습을 표현하기 위해 힘찬 선을 사용했다.

♣93쪽

7. 예시 답안

그림을 잘 그리려면 상상력을 키워서 나만의 느낌을 자신 있게 표현할 줄 알아야 한다. 미술학원에 열심히 다닌다고 해서 상상력을 키울 수는 없다. 상상력을 키우려면 평소 체험을 많이 해야 하며, 책을 많이 읽고 음악을 즐겨 듣는 일이 중요하다. 상상력이 풍부해져서 나의 느낌을 찾는 데 도움이 된다. 상상력을 바탕으로 나의 느낌대로 그리다 보면 그림에 흥미가 많아지고 자신감도 생길 것이다.

12. 『그 녀석 슈라에겐 별별 일이 다 있었지』

♣98쪽

1. 정답

▶ 차 안이 너무 더워 멀미가 났기 때문에.
▶ 베르베켄 씨가 켜 놓은 라디오 소리가 너무 커서.
▶ 베르베켄 씨 부부의 말다툼하는 소리가 듣기 싫어서.

2. 예시 답안

▶ 혼자라는 생각에 울고 싶을 때가 많았을 것이다.
▶ 엄마가 보고 싶었을 것이다.

3. 예시 답안

관심을 주지 않아 마음을 다치게 한 것도 상처를 주는 행동이다.

♣99쪽

4. 예시 답안

▶ 베르베켄 씨 부부와 살았던 시간이 힘들었기 때문이다
▶ 앞으로 외롭게 살고 싶지 않았고, 남작 부인이 쓴 책에서 그녀가 좋은 사람이라고 느껴졌기 때문이다.

5. 예시 답안

▶ 노래나 악기 등을 이용해 자신의 재능을 기부한다.
▶ 부모님의 어깨를 주물러 드린다.

♣100쪽

6. 예시 답안

요술 거울아! 엄마께 받아쓰기 점수가 올랐다고 자랑했는데, 알았다고만 하시고 칭찬하지 않으셨어. 엄마께서 바빠서 그런 건 알지만, 나에게 관심이 없는 것 같아 마음이 아팠어. 그때 받은 상처를 낫게 해 주길 부탁해.

♣101쪽

7. 예시 답안

우리나라 초등학생 두 명 가운데 한 명은 가족과 대화하는 시간이 하루에 한 시간도 안 된다고 해요. 가족이 함께 있어도 스마트폰을 하기 때문이랍니다. 따라서 가족들끼리 대화 시간을 늘리려면, 집에 들어오면 스마트폰을 잡지 말거나 시간을 정해 놓고 해야 합니다. 하루에 한 번은 가족이 모두 모여 식사하는 시간을 갖는 것도 좋은 방법입니다. 식사 자리에서 각자

초등학생 문해독서 초급 1호 답안과 풀이

하루를 어떻게 보냈는지 이야기를 나누려고 노력하면 가족과 대화 시간을 늘릴 수 있을 것입니다.